인공지능과 협업하기 시리즈 01

아두이노 2.X 최신버전 반영

챗GPT를 활용한
아두이노 입문

챗GPT와 함께하는 5가지 실전 프로젝트 만들기

기초 작품 직접 만들고 | 챗GPT코딩 | 원리 이해하고 | 응용 작품 만들기

앤써북

챗GPT를 활용한 아두이노 입문
챗GPT와 함께하는 5가지 실전 프로젝트 만들기

초판 1쇄 발행 | 2023년 04월 30일

지은이 | 장문철, 박준원 공저
펴낸이 | 김병성
펴낸곳 | 앤써북

출판사 등록번호 | 제 382-2012-0007 호
주소 | 파주시 탄현면 방촌로 548
전화 | 070-8877-4177
FAX | 031-942-9852
도서문의 | 앤써북 http://answerbook.co.kr
ISBN | 979-11-981892-1-9 13000

- 이 책의 일부 혹은 전체 내용을 무단 복사, 복제, 전재하는 것은 저작권법에 저촉됩니다.
- 본문 중에서 일부 인용한 모든 프로그램은 각 개발사(개발자)와 공급사에 의해 그 권리를 보호합니다.
- 앤써북은 독자 여러분의 의견에 항상 귀기울이고 있습니다.

[안내]
- 이 책의 내용을 기반으로 실습 및 운용 결과에 대해 저자, 소프트웨어 개발자 및 제공자, 앤써북 출판사, 서비스 제공자는 일체의 책임지지 않음을 안내드립니다.
- 이 책에 소개된 회사명, 제품명은 각 회사의 등록 상표 또는 상표이며 본문 중 TM, ©, ® 마크 등을 생략하였습니다.
- 이 책은 소프트웨어, 플랫폼, 서비스 등은 집필 당시 신 버전으로 설명하였습니다. 단, 독자의 학습 시점에 따라 책의 내용과 일부 다를 수 있습니다.

Preface
머리말

우리가 무언가를 만들기 위해서 필요한 지식이 1단계로는 know-how(노하우)로 자신이 무언가를 알고 있어야 만들 수 있었습니다. 인터넷이 발전되면서 2단계로 Know-where(노웨얼)로 어디에 정보가 있는지 알면 만들 수 있었습니다. chat gpt가 출시되면서 2023년도는 Know-Question으로 어떻게 질문하면 원하는 결과를 얻어 만들 수 있는 시대가 왔습니다. 무엇을 알고 있는지, 정보가 어디 있는지를 뛰어넘어서 질문을 하면 답을 해주는 인공지능이 출시되었습니다. 챗GPT는 프로그램도 수준급으로 작성해줍니다. 이 책은 아두이노의 코드를 챗GPT에게 질문하면서 원하는 결과를 얻을 수 있도록 구성하였습니다.

지금은 인공지능 기술이 빠르게 발전하고 있어, 기술적인 것부터 일상생활에서의 문제 해결에 이르기까지 다양한 분야에서 활용되고 있습니다. 그러나 인공지능이 모든 문제를 해결할 수 있는 것은 아닙니다. 여전히 인간의 경험과 지식이 필요한 부분도 있습니다.

따라서 인공지능이 제공하는 정보를 최대한 활용하면서도, 개인의 경험과 지식을 충분히 갖추어야 좀 더 나은 결과를 얻을 수 있습니다. 이 책에서는 아두이노를 다루면서, 챗GPT를 활용하여 원하는 결과를 얻는 방법을 알려줍니다. 하지만 이 책을 통해 얻는 정보를 최대한 활용하기 위해서는 개인의 노력과 학습이 필요합니다. 인공지능이 제공하는 정보를 이해하고 활용할 수 있는 능력을 갖추면, 보다 높은 수준의 문제 해결과 창의적인 아이디어를 생각해낼 수 있습니다.

따라서 우리는 인공지능 기술의 발전과 함께 개인의 경험과 지식, 그리고 학습과 노력이 상호보완적으로 작용해야 한다는 것을 인지해야 합니다. 이를 통해 인공지능이 제공하는 정보를 최대한 활용하고, 개인의 지식과 경험을 함께 활용하여 더 나은 결과를 얻을 수 있습니다. 이 책을 통해 아두이노와 챗GPT의 활용 방법을 배우면서, 인공지능 기술의 가능성과 한계를 함께 이해하고, 적극적인 학습과 개인의 노력으로 인공지능 시대를 더욱 효과적으로 활용해봅시다.

저자 **장문철**

챗GPT에게 질문하는 시점에 따라 제안한 프로그램이 다를 수 있어 교재는 아두이노 학습을 위해 챗GPT와 함께 코딩과 수정작업을 거쳐 동작하는 프로그램을 안내해두었습니다.

Preface
머리말

필자가 중학생일 때 삼촌의 직장을 방문한 적이 있었습니다.
SW개발 담당이셨던 삼촌은 회사의 컴퓨터 단말기 앞에 저를 앉게 하고는 무엇이든 영어로 물어보면 컴퓨터는 다 알고 있다고 말씀하셨습니다. 그리곤 유리사무실 안쪽으로 들어가시고는 보이지 않았습니다. 컴퓨터를 처음 보았던 저는 "내 이름은?", "나의 나이는?", "내가 다니는 학교는?" 등등을 컴퓨터에게 물어보았는데 모두 다 맞추어서 너무 놀랐습니다. 이 사건을 계기로 컴퓨터 관련학과를 진로로 선택하게 되었습니다. 시간이 흘러 어느 날, 삼촌에게 어떻게 당시에 컴퓨터가 저의 관한 것을 다 알고 있었는지 묻자 다른 컴퓨터로 삼촌이 답을 해주었다는 것입니다. 컴퓨터의 신기함이 깨지는 순간이었습니다.

최근 챗GPT의 열풍 속에 질문을 입력하면 챗GPT가 답을 하고, 프로그램을 만들어 주는 것을 보고는 챗삼촌과의 신기했던 기억이 새록새록 떠올랐습니다.

질문을 어떻게 하느냐에 따라 다양한 답을 주는 흥미로운 챗GPT를 아두이노 학습에 응용하여 사용해 보기로 했습니다. 아직은 챗GPT가 항상 정확한 코딩프로그램을 제시하지는 못하지만 그 가능성과 코딩의 영역도 계산기처럼 컴퓨터에게 맡기는 시도를 해봅니다.
챗GPT를 통한 아두이노 학습은 나열된 정보를 암기하고 학습하는 기존 방법에서 질문을 통해 아두이노와 아두이노 프로그램을 알아가는 학습방법입니다.
여러분이 필자가 제시한 똑같은 질문을 해도 챗GPT는 다른 답 또는 오답을 줄 수 있습니다.
챗GPT가 엉뚱한 답을 제시해도 프로그램을 살펴보고 수정하는 것은 의미가 있습니다.
다른 방법으로 질문을 했어야 했거나 부품이 다르거나 다른 라이브러리를 사용하여 학습된 결과이기 때문입니다. 필자가 챗GPT에게 질문하고 얻은 프로그램은 상당히 많은 부분을 도움 받았고 일부분을 수정하기도 했습니다.
이를 통해 우리는 정보를 활용하고 재구성하는 방법으로 프로그래밍 학습을 할 수 있습니다.

챗GPT 아두이노를 통하여 인공지능을 앞으로 어떻게, 어떤 분야에 사용해야 하는지를 생각해보는 기회를 가졌으면 합니다.
아두이노를 처음 접하는 학생은 챗GPT에게 질문을 하며 아두이노 학습을 쉽게 할 수 있습니다. 물론 회로는 직접 연결합니다. 아두이노와 인공지능을 융합해서 가르치려는 선생님은 인공지능의 활용도 측면에서 접근하시면 좋겠습니다. 그리고 아두이노 프로젝트에 관심을 가지고 있는 분들에게는 더 많은 디바이스들을 연결해보면서 챗GPT와 챗GPT의 엉뚱한 답도 함께 수정하며 즐거운 시간이길 바랍니다.

저자 **박준원**

Reader Support Center
독자 지원 센터

독자 지원 센터는 책 소스 파일, 독자 문의 등 책을 보는데 필요한 사항을 지원합니다. 앤써북 공식 카페에서 [카페 가입하기] 버튼을 눌러 간단한 절차를 거쳐 회원가입 후 독자 지원 센터를 이용할 수 있습니다.

책 소스 및 정오표 파일

이 책과 관련된 실습 소스 및 정오표 파일은 앤써북 카페에 접속한 후 [도서별 독자 지원 센터]-[챗GPT를 활용한 아두이노 입문] 게시판을 클릭합니다. "〈챗GPT를 활용한 아두이노 입문〉 책 소스 및 정오표입니다." 게시글을 클릭한 후 안내에 따라 다운로드 받으시면 됩니다.

- 앤써북 네이버 카페 : https://cafe.naver.com/answerbook
- 책 전용 게시판 바로가기 주소 : https://cafe.naver.com/answerbook/menu/209

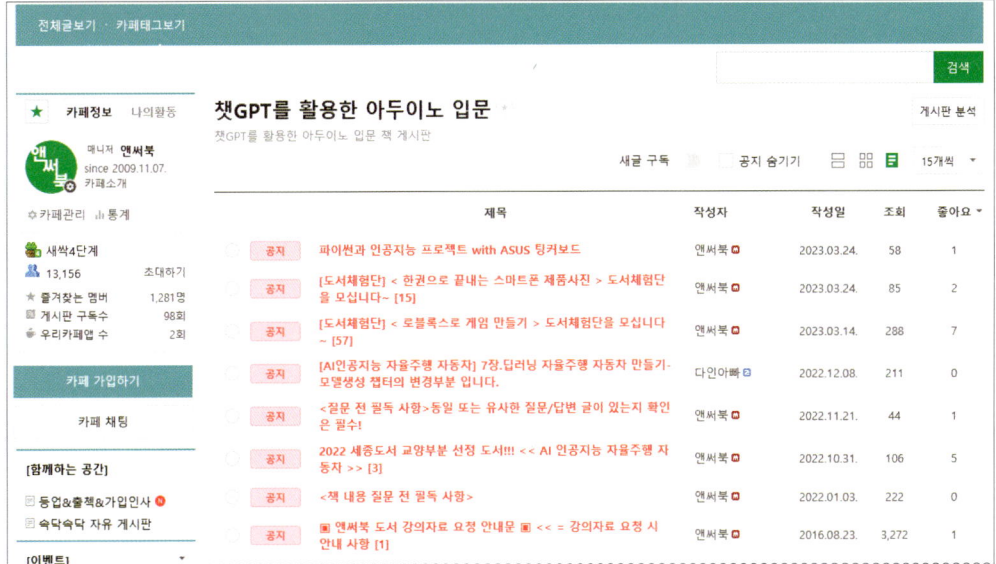

Reader Support Center
독자 지원 센터

독자 문의

이 책과 관련된 궁금한 내용은 앤써북 공식카페에서 질문과 답변 받을 수 있습니다.

질문하기 위해서 [도서별 독자 지원 센터]-[도서별 독자 지원 센터]-[챗GPT를 활용한 아두이노 입문] 게시판을 클릭합니다. 우측 아래의 [글쓰기] 버튼을 클릭한 후 제목에 다음과 같이 "[문의] 페이지수, 질문 제목"을 입력하고 궁금한 사항은 아래에 작성 후 [등록] 버튼을 클릭하여 등록합니다. 등록된 질의 글은 저자님께서 최대한 빠른 시간에 답변드릴 수 있도록 안내드립니다. 단, 책 실습과 직접적인 연관성이 없는 질문, 답변이 난해한 질문, 중복된 질문, 과도한 질문 등은 답변 드리지 못할 수 있음을 양해 부탁드립니다.

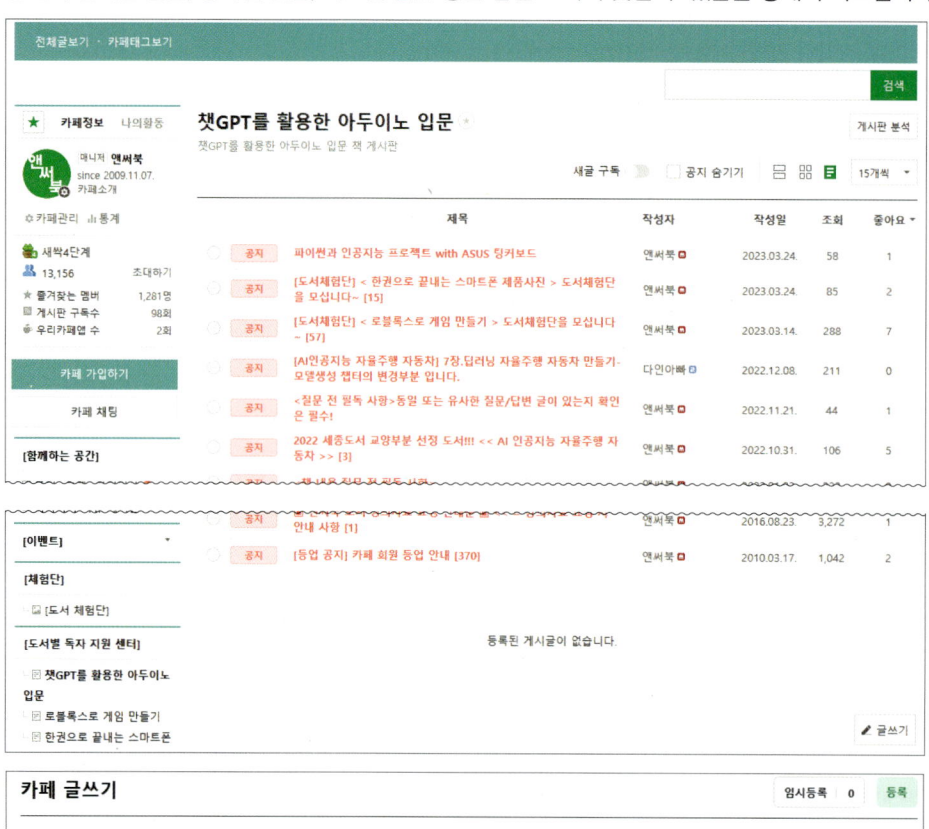

Contents
목차

CHAPTER 00 챗GPT와 아두이노의 만남

01 인공지능 챗GPT 열풍과 SW교육 · 14
02 인공지능 챗GPT 열풍과 아두이노의 만남 · 16

CHAPTER 01 아두이노의 개요

01 아두이노란 무엇인가? · 20
02 아두이노 플랫폼의특징과 장단점 · 21
03 아두이노 보드의 종류와 기능 · 22
04 아두이노 IDE 설치 및 설정하기 · 25
05 첫 번째 아두이노 코드 실행 · 31
    아두이노 보드와 PC 연결 · 31
    아두이노 보드와 포트 선택 · 31

CHAPTER 02 아두이노에서 챗GPT 활용하기

01 챗GPT 회원 가입하기 · 36
02 챗 GPT의 메인 화면 구성 살펴보기 · 40
03 챗GPT 사용과 아두이노 활용 방법 · 43
    챗GPT 사용 방법 익히기 · 43
    ChatGPT가 답변한 소스 코드 활용하는 방법 · 44

Contents
목차

CHAPTER 03 디지털 출력

01 디지털 출력의 개념 및 작동원리 • 48

02 아두이노에서 디지털 출력을 사용하는 방법 • 49

    디지털 핀 선택 • 49

    pinMode 함수로 출력 모드로 설정 • 49

    digitalWrite 함수로 출력값 설정 • 49

03 디지털 출력을 이용한 LED켜고 끄기 • 51

    LED 정의 • 51   사용부품 • 52

    회로연결 • 52   실습하기 • 54

04 디지털 출력을 이용한 피에조 부저 • 58

    피에조부저의 정의 • 58   사용부품 • 58

    회로연결 • 59   실습하기 • 60

CHAPTER 04 시리얼 통신

01 시리얼 통신의 개념 • 69

02 아두이노에서 시리얼 통신을 사용하는 방법 • 70

03 시리얼 통신을 이용한 데이터 전송 및 RGB LED 제어하기 • 72

    사용부품 • 72   회로연결 • 72

    실습하기 • 73

CHAPTER 05 디지털 입력

01 디지털 입력의 개념 · 84
02 아두이노에서 디지털 입력을 사용하는 방법 · 85
　디지털 입력용 핀 선택 · 85
　디지털 입력 핀 설정 · 85
　디지털 입력 읽기 · 85
　디지털 입력값 처리 · 86
　풀업 또는 풀다운 저항 사용 · 86
　debounce 처리 · 87
03 디지털 입력을 이용한 버튼 입력 처리하기 · 88
　버튼정의 · 88　　사용부품 · 88
　회로연결 · 89　　실습하기 · 90

CHAPTER 06 아날로그 출력

01 아날로그 출력의 개념 및 작동원리 · 100
02 아두이노에서 아날로그 출력을 사용하는 방법 · 101
　PWM 핀 확인 · 101
　analogWrite() 함수 사용 · 101
03 아날로그 출력을 이용한 LED 제어 · 102
　사용부품 · 102　　회로연결 · 102
　실습하기 · 103

Contents
목차

CHAPTER 07 아날로그 입력

01 아날로그 입력의 개념 및 작동 원리 • 108
02 아두이노에서 아날로그 입력을 사용하는 방법 • 110
  아날로그 값 읽기 • 110
  아날로그 값 처리 • 110
03 아두이노에서 아날로그 입력을 사용하기 • 112
  사용부품 • 112   회로연결 • 112
  실습하기 • 113

CHAPTER 08 센서

01 조도 센서 • 120
  조도센서의 정의 • 54   사용부품 • 120
  회로연결 • 121   실습하기 • 122
02 초음파 센서 • 132
  초음파센서 정의 • 132   사용부품 • 133
  회로연결 • 133   실습하기 • 135
03 온도, 습도 센서 • 140
  DHT11 온도센서 정의 • 140   사용부품 • 140
  회로연결 • 141   실습하기 • 142

CHAPTER 09 표시장치 및 액추에이터

01 FND(TM1637) · 152
　FND 정의 · 152　　　　　　사용부품 · 153
　회로연결 · 153　　　　　　실습하기 · 154

02 I2C LCD · 160
　I2C LCD 정의 · 160　　　　사용부품 · 160
　회로연결 · 161　　　　　　실습하기 · 162

03 도트매트릭스 · 167
　도트매트릭스 정의 · 167　　사용부품 · 167
　회로연결 · 167　　　　　　실습하기 · 168

04 서보모터 · 173
　서보모터 정의 · 173　　　　사용부품 · 173
　회로연결 · 174　　　　　　실습하기 · 175

CHAPTER 10 실전 프로젝트

01 챗GPT와 스마트 홈스테이 만들기 · 181
　사용부품 · 181　　회로연결 · 181　　실습하기 · 182

02 챗GPT와 도트매트릭스 표정 만들기 · 190
　사용부품 · 190　　회로연결 · 190　　실습하기 · 191

03 챗GPT와 거리 알리미 만들기 · 203
　사용부품 · 203　　회로연결 · 203　　실습하기 · 205

04 챗GPT와 전자피아노 만들기 · 216
　사용부품 · 216　　회로연결 · 216　　실습하기 · 217

05 챗GPT와 게임기 만들기 · 227
　사용부품 · 227　　회로연결 · 227　　실습하기 · 228

CHAPTER 00

챗GPT와 아두이노의 만남

인공지능 챗GPT 열풍과 SW교육
인공지능 챗GPT 열풍과 아두이노의 만남

01 인공지능 챗GPT 열풍과 SW교육

2022년 11월 챗GPT의 등장 이후 많은 곳에서 챗GPT의 학습능력과 활용에 관한 놀라운 정보들을 접할 수 있습니다. 챗GPT는 구글 검색을 통해 필요한 정보를 얻을 수 있었던 것을 대화의 형태로 정보와 답을 얻어낼 수 있습니다. 챗GPT에 접속을 해서 한국어로 질문을 하고 답변을 들을 수 있습니다. 물론, 챗GPT가 제시한 답변이 모두 정답은 아닙니다.

대화형 인공지능은 마치 최상의 학습을 끝낸 선생님 로봇이 옆에 있는 것과 같습니다. 질문하면 답을 하고, 궁금한 내용을 일목요연하게 정리를 해줍니다. 백과사전식 정보가 넘쳐나는 정보검색의 시대에서 질문을 통해 검색 결과를 얻을 수 있는 것입니다.

따라서 정보를 기억하고 학습하는 단계에서 정보를 활용하는 능력이 필요한 시대가 왔습니다.

예를 들면 사용자가 파이썬 언어를 몰라도 파이썬 언어로 계산프로그램을 챗GPT에게 작성해 달라는 요청을 하면 관련 코드를 작성해줍니다. 파이썬 언어 학습시간을 가질 필요 없이 바로 계산프로그램을 만들 수 있는 것입니다. 파이썬 사전지식 없이도 파이썬 프로그램을 챗GPT의 도움으로 만들 수 있습니다.

이러다가는 챗GPT로 인하여 코딩이 필요 없는 시대가 온다고 말하기도 합니다.

과연 코딩교육은 필요 없는 것일까요?

 챗GPT를 사용하면 코딩교육이 필요 없나요?

 챗GPT는 인공 지능 기술을 활용하는 대화형 챗봇입니다. 챗GPT를 사용하면 프로그래밍 언어를 배움이 필요하지만, 코딩 교육의 목적은 단순히 프로그래밍 언어를 학습할 뿐만 아니라, 문제 해결 능력, 협력 능력 등을 개선시키는 것입니다.

프로그래밍은 프로그래밍 언어를 배우는 것뿐만 아니라, 컴퓨터 과학의 기본 개념과 이해, 문제 해결 능력, 물리치기 능력, 디지털 시대에 필요한 것 등을 함께 배울 수 있도록 돕습니다. 또한, 코딩 교육은 프로그래밍 언어를 학습하는 것 이상으로 요청과 리소스를 키우는 데에도 큰 도움이 됩니다.

따라서 챗GPT를 사용하면 코딩교육이 필요한 이유는 여전히 존재합니다. 챗GPT를 이용하여 프로그래밍 언어에 대한 기본 지식을 학습할 수 있도록, 코딩 교육은 이러한 지식을 기반으로 문제를 해결하는 방법을 제공하고, 새로운 아이디어를 생각하고 구합니다.

교육부 발표에 따르면 먼저 2025년에 중학교 1학년이 코딩교육이 의무화됩니다.

교육부는 2026년에 초등학교 5학년과 6학년이 코딩교육 의무화를 계획하고 있습니다. 정보 수업 시간도 현재보다 2배 늘어나서 초등학교는 34시간, 중학교는 68시간으로 늘어납니다.

대학교에도 디지털 인재양성을 위해 첨단분야의 정원을 확대하였습니다.

코딩교육의 확대는 모든 학생을 프로그래머 개발자로 만드는 것이 아닌 프로그램을 만드는 절차를 이해하고 실습 과정을 통해 인공지능 시대에 살아가기 위한 경험을 얻는 것입니다.

또한, SW교육 정책방향이 전 국민이 인공지능 이해와 확산 인공지능기반 디지털 미래인재 양성과 인공지능을 활용한 교육의 혁신적인 토대를 마련하기 위한 정책을 세우고 있습니다.

인공지능 시대에 코딩교육의 관점을 다시 새롭게 보아야 하는 시점입니다.

다양한 인공지능 플랫폼을 자연스럽게 받아들이고 학습과 실생활에 접목하는 것이 학생들 또는 성인들에게도 요구됩니다.

넘치는 정보의 바다에서 탐색의 과정을 지나 이제는 정보를 활용하는 단계에 있어서 여러 질문을 얼마나 효과적으로 하느냐에 따라 빠르고 정확한 답을 얻을 수 있습니다.

아이가 태어나서 눈앞에 펼쳐진 세상에 대해 "이건 뭐야?"라는 수많은 질문을 통해 답을 얻어가며 성장을 하는 학습과정을 생각하면 좋겠습니다.

챗GPT에 질문과정과 답을 얻어가는 과정에서 SW적인 지식과 활용능력을 얻을 수 있습니다.

02 인공지능 챗GPT 열풍과 아두이노의 만남

아두이노는 C언어 학습과 피지컬 SW 코딩을 할 수 있는 장점이 있어서 초보자가 SW 프로그램을 배우기 쉽습니다. 아두이노를 통해 SW 프로그램을 작성하고 하드웨어가 동작하는 과정을 통해 실생활에 응용할 수 있는 다양한 프로젝트를 실습할 수 있습니다.

아두이노는 오픈플랫폼으로 SW코드들과 정보들이 공유가 가능하며 검색을 통해 접할 수 있습니다. 따라서 챗GPT의 도움을 받아 학습하기에 편한 환경이 제공된 것입니다.

하지만 챗GPT를 통해 일방적인 도움을 받아 코딩을 하는 것은 아닙니다. 하드웨어도 구현해야하고 실습하려고 하는 목적과 작품 구상도 해야 하기 때문입니다. 내가 만든 프로그램의 일부를 작성해서 챗GPT에게 알려주어 프로그램을 다시 재사용하게 할 수 있습니다.

아두이노 개발자들이 올려놓은 여러 가지 코드들 중에서 취사선택 또는 수정해서 재사용할 수 있는 장점들을 챗GPT를 통해 얻어 봅니다.

 챗GPT가 아두이노를 배우는데 도움이 되나?

 ChatGPT는 대화형 인공 지능 모델로, 아두이노에 대한 지식을 학습하고 이를 바탕으로 대화를 간단히 할 수 있습니다. 따라서 ChatGPT를 이용하여 아두이노에 대한 기초적인 지식을 학습하는 것이 가능합니다.

하지만, 아두이노를 직접 조사하여 감시하고 현상을 보고를 해보는 것이 아두이노에 대한 실질적인 이해와 능력 향상에 가장 도움이 되셨기를 바랍니다. 따라서 ChatGPT를 보조적인 도구로 활용하여 아두이노를 공부하는 것을 추천드립니다.

다음은 챗GPT에게 "챗GPT로 아두이노를 배우는 장점은 무엇인가?"라고 질문한 결과입니다.

챗GPT로 아두이노를 배우는 장점은 바로

ChatGPT로 아두이노를 배우는 장점은 다음과 같습니다.

1. 대화형 인터페이스: 채팅GPT는 대화형 배경을 제공하여 사용자가 질문하거나 대화를 통해 아두이노에 대한 지식을 학습할 수 있습니다.
2. 개인화된 학습: 챗GPT는 사용자의 학습 학습 상황에 따라 가변을 제공할 수 있습니다. 예를 들어, 사용자가 아두이노의 기초적인 지식을 이미 학습한 경우에는 보다 본질적인 주제에 대한 대화를 할 수 있습니다.
3. 표준: 챗GPT는 표준으로 학습할 수 있습니다. 사용자가 새로운 정보나 질문을 제공하면 챗GPT는 이를 가능하고 새로운 지식을 학습할 수 있습니다.
4. 24시간 학습 가능: 챗GPT는 인공 지능 모델이면 24시간 학습이 가능합니다. 사용자가 필요하면 아두이노에 대한 질문을 할 수 있습니다.
5. 비용이 들기: 챗GPT를 이용하여 아두이노 학습을 하면, 별도의 학습 자료나 강의 등을 요청할 필요가 있거나 비용을 들을 수 있습니다.

ChatGPT를 이용하여 아두이노를 배우는 것이 상대적으로 더 편리한 방법입니다. 그러나 실제적인 경험을 쌓기 위해서는 아두이노를 직접 논의하는 것이 필요합니다.

> **작가의 한 마디**
> 질문의 내용이 번역하는 과정 중에 다음과 같이 변경되는 경우가 있습니다. 또한 번역이기 때문에 답변내용도 한국어의 문법적 오류, 오타가 있습니다. 다음과 내용은 질문과 답변을 그대로 옮겨왔기 때문에 다소 매끄럽지 못한 문장이 있습니다. 책에서는 이러한 내용을 작가가 수정을 하며 아두이노 지식과 코드를 알려줍니다.

이러한 장점들과 도움이 되는 챗GPT를 아두이노 학습과 연결하는 과정을 통해 대화형 인공지능을 이해하고 아두이노 프로그램과 전기적인 기본 지식을 알아봅니다.

챗GPT에게는 같은 질문을 해도 다양한 제시 답안과 코드를 줍니다. 사용자가 본인에게 알맞은 코드를 사용하고 검증을 거쳐야 합니다.

아두이노는 피지컬 코딩이므로 하드웨어적인 회로 연결 방법을 챗GPT에게 정확히 알려주면 코딩 시에 수정의 과정을 줄일 수 있습니다.

또한 아두이노 코드가 모두 학습되어 있는 상태가 아니므로 생소한 부품의 사용이나 코드는 사용자가 알려주고 기억하게 하여 다음에 사용하면 됩니다.

사용자와 챗GPT 모두 학습효과를 올릴 수 있고 빠르게 코딩할 수 있습니다. 프로그램 문법 등을 모두 기억하고 알아야하는 압박감에서 보다 자유로워지며 프로그램의 전반적인 이해를 하면서 프로그램 기획과 설계를 하면 됩니다.

책에서는 챗GPT를 테스트하기 위해 부품들만 나열하고 관련 코드를 제공하기 또는 아두이노 게임기 만들기 등 질문을 하며 다양한 방법을 시도했습니다.

책은 챗GPT에게 질문을 하고 답을 얻어가며 아두이노 프로그래밍 방법, 하드웨어 동작을 제어하며 인공지능 플랫폼을 활용하는 능력을 키우는데 목표를 두었습니다.

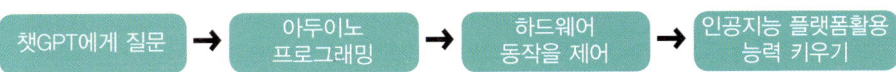

인공지능 시대에 인공지능이 나와는 멀리 혹은 관계없는 것이 아닌 우리가 직접 사용하는 것임을 체험해봅니다. 챗GPT의 열풍과 함께 아두이노를 접목하여 인공지능의 뿌리를 다지고 학습하여 열매를 맺는 과정이 되기를 바랍니다.

CHAPTER 01

아두이노의 개요

아두이노란 무엇인가?
아두이노 플랫폼의 특징과 장단점
아두이노 보드의 종류와 기능
아두이노 IDE 설치 및 설정
첫 번째 아두이노 코드 실행

01 아두이노란 무엇인가?

아두이노(Arduino)는 오픈소스 하드웨어 및 소프트웨어 플랫폼으로, 사용자가 프로토타입을 제작하고 상호작용하는 장치를 만들 수 있는 마이크로컨트롤러 보드입니다. 센서, 모터, LED 등과 결합할 수 있으며, 사용자가 C++ 프로그래밍 언어로 프로그램 할 수 있습니다.

아두이노는 초기에는 학생과 아마추어를 위해 설계되었으나, 현재는 전문 개발자도 사용하고 있습니다. 아두이노를 이용하면 사용자가 원하는 작업을 수행하는 장치를 만들 수 있습니다. 예를 들어, 조도 센서를 사용하여 어두운 곳에서 자동으로 불이 켜지게 만들거나, 온도 센서를 사용하여 자동으로 에어컨이 켜지게 만들 수 있습니다.

아두이노는 저렴하며, 온라인에서 쉽게 구입할 수 있습니다. 또한 다양한 부품과 함께 제공되므로, 별도의 하드웨어 및 소프트웨어 지식이 없는 사용자도 쉽게 사용할 수 있습니다.
아두이노는 커뮤니티가 활발하게 운영되고 있어 사용자가 직접 만든 프로그램을 공유하거나 문제를 해결할 수 있는 정보를 얻을 수 있습니다.

아두이노는 교육, 예술, 공학, 과학 등 다양한 분야에서 사용되며, 누구나 쉽게 접근할 수 있으므로 창의적인 아이디어를 구현하는 데 매우 유용합니다. 아두이노를 사용하면 실제로 작동하는 원리를 이해할 수 있으며, 이를 기반으로 자신의 아이디어를 빠르게 구현할 수 있습니다.

02 아두이노 플랫폼의 특징과 장단점

아두이노(Arduino) 플랫폼은 저렴하고 쉽게 사용할 수 있으며, 다양한 부품과 함께 제공되어 별도의 하드웨어 및 소프트웨어 지식이 없는 사용자도 쉽게 사용할 수 있습니다. 또한 사용자가 C++ 프로그래밍 언어로 프로그램할 수 있어 매우 유연한 사용이 가능합니다. 이를 통해 사용자는 간단한 프로그램부터 복잡한 프로그램까지 다양한 응용을 구현할 수 있습니다.

아두이노의 또 다른 큰 장점은 커뮤니티의 활발한 지원입니다. 아두이노를 사용하는 수많은 사용자들이 서로의 경험과 지식을 공유하고 문제를 해결하는 데 도움이 되는 자료와 지원을 제공하고 있습니다. 이는 아두이노를 처음 사용하는 사용자에게 큰 도움이 될 뿐 아니라, 아두이노를 이용한 프로젝트를 수행하는 전문가에게도 매우 유용합니다.

하지만 아두이노 플랫폼에는 몇 가지 단점도 있습니다. 예를 들어, 아두이노의 성능은 상대적으로 낮으며, 처리 속도와 메모리 용량이 제한적입니다. 따라서 복잡한 작업을 수행하는 경우에는 다른 플랫폼을 선택하는 것이 더 나을 수 있습니다.

아두이노 플랫폼의 개발자들이 여러 가지 버전을 출시하는데, 이는 사용자가 어떤 버전을 선택해야 하는지 혼란스러울 수 있습니다. 아두이노 플랫폼은 상업용 제품이 아니므로 제품화하기에는 적합하지 않을 수 있습니다.

총괄적으로, 아두이노 플랫폼은 초보자부터 전문가까지 다양한 사용자에게 적합합니다. 저렴하고 쉽게 사용할 수 있으며, 간단한 프로젝트부터 복잡한 프로젝트까지 다양한 응용이 가능합니다. 또한 커뮤니티의 활발한 지원으로 인해 많은 문제를 해결할 수 있으며, 개발자들은 빠른 시간 내에 원하는 기능을 구현할 수 있습니다.

03 아두이노 보드의 종류와 기능

아두이노(Arduino)는 오픈 소스 하드웨어 및 소프트웨어 플랫폼으로, 전 세계적으로 사용되는 프로그래밍 기반입니다. 이를 이용하여 사용자는 다양한 전자 제품을 제작하고 제어할 수 있습니다. 아두이노 보드는 이러한 아두이노 플랫폼을 이용하기 위한 하드웨어 기반입니다. 아래는 대표적인 아두이노 보드의 종류와 기능에 대한 설명입니다.

❶ Arduino Uno

Arduino Uno는 가장 기본적인 아두이노 보드로, ATmega328P 마이크로컨트롤러와 다양한 디지털/아날로그 핀, USB 연결 등을 포함하고 있습니다. 이 보드는 초보자가 쉽게 다룰 수 있는 기본적인 아두이노 보드로 널리 사용됩니다.

❷ Arduino Mega2560

Arduino Mega2560은 Uno와 비슷한 기능을 제공하지만 더 많은 디지털/아날로그 핀을 제공하고, ATmega2560 마이크로컨트롤러를 사용합니다. 이 보드는 대규모 프로젝트에 적합하며, 여러 가지 센서 및 모듈을 함께 사용할 수 있습니다.

❸ Arduino Leonardo

Arduino Leonardo는 ATmega32u4 마이크로컨트롤러와 USB 컨트롤러를 사용하여, USB HID 장치(키보드, 마우스 등)로 동작할 수 있습니다. 이 보드는 대화형 프로젝트나 게임 개발에 적합합니다.

❹ Arduino Due

Arduino Due는 ARM Cortex-M3 아키텍처의 SAM3X8E 마이크로컨트롤러를 사용하며, Uno와 Mega에 비해 높은 성능을 제공합니다. 또한 54개의 디지털/아날로그 핀, 12개의 PWM 핀, 2개의 DAC 등 다양한 기능을 제공합니다. 이 보드는 고성능 임베디드 시스템에 적합합니다.

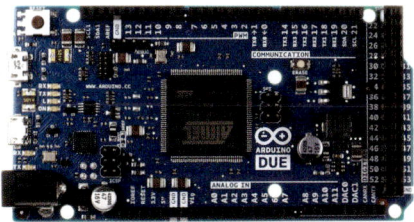

❺ Arduino Nano

Arduino Nano는 작은 크기로 이동성이 높으며, ATmega328P 마이크로컨트롤러, USB 연결 및 다양한 핀을 제공합니다. 이 보드는 작은 프로젝트 또는 모바일 애플리케이션에 적합합니다.

❻ Arduino Pro Mini

Arduino Pro Mini는 작은 크기와 저전력 소비를 제공하는 ATmega328P 마이크로컨트롤러를 사용합니다. 이 보드는 배터리를 사용하는 포터블 프로젝트나 드론, 자동화시스템 등 저전력이 필요한 장치에 적합합니다.

❼ Arduino MKR1000

Arduino MKR1000는 WiFi 모듈과 ATSAMW25 SoC를 사용하여 IoT 프로젝트에 적합합니다. 이 보드는 작은 크기, 저전력 소비 및 내장 보안 기능을 제공합니다.

❽ Arduino Yun

Arduino Yun은 ATmega32u4 마이크로컨트롤러와 AR9331 Linux SoC를 결합하여, WiFi 연결 및 리눅스 기반 프로그래밍을 제공합니다. 이 보드는 웹 서버, 클라우드 서비스 및 IoT 프로젝트에 적합합니다.

04 아두이노 IDE 설치 및 설정하기

아두이노를 프로그램하기 위해서 PC에 아두이노 IDE(통합개발환경)을 설치합니다.

01 www.arduino.cc 사이트에 접속한 다음 [SOFTWARE]탭으로 이동합니다.

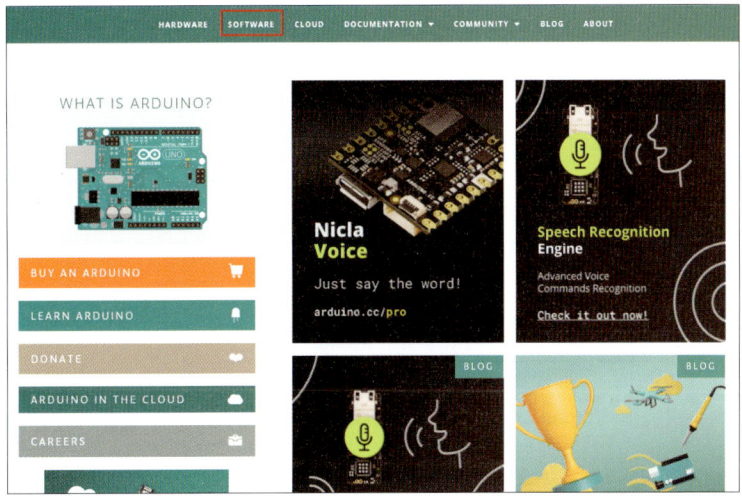

02 스크롤을 아래로 내려 Arduino IDE 2.x.x 버전에서 [Windows in10 and newer, 64bits] 부분을 클릭합니다. 아두이노 IDE의 2.x.x 버전을 다운로드 받는 페이지 입니다.

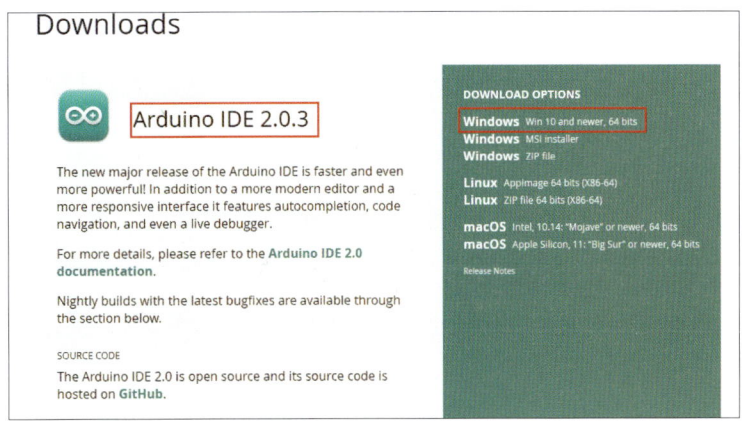

03 [JUST DOWNLOAD] 버튼을 눌러 설치파일을 다운로드 받습니다.

04 [다운로드] 폴더에 다운로드 된 설치파일을 더블클릭하여 설치를 진행합니다. 버전은 다운로드 받는 시점에 따라 다를 수 있으니 다운로드 받는 시점의 버전으로 설치를 진행하여주세요

05 [동의함]을 눌러 계속 진행합니다.

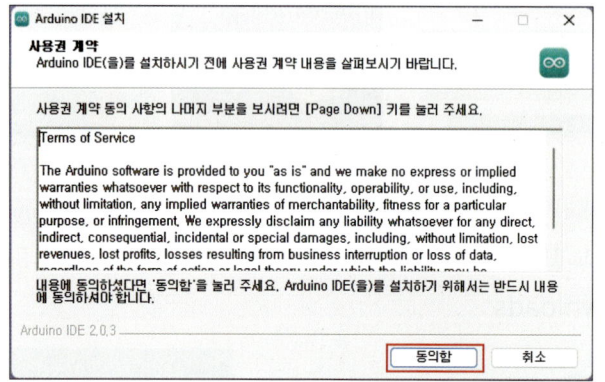

06 [이 컴퓨터를 사용하는 모든 사람]을 선택 후 [다음]을 눌러 진행합니다. [이 컴퓨터를 사용하는 모든 사람]을 선택 후 진행하면 관리자 자격 증명을 묻는 메시지가 한 번 더 표시됩니다. [동의함]을 눌러 설치를 진행합니다.

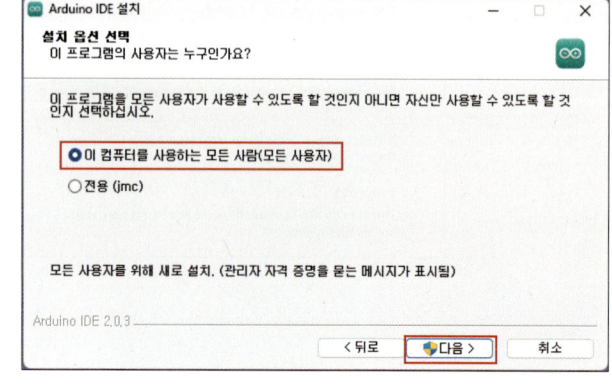

07 프로그램이 설치되는 위치로 수정하지 않고 [설치]를 눌러 설치를 진행합니다.

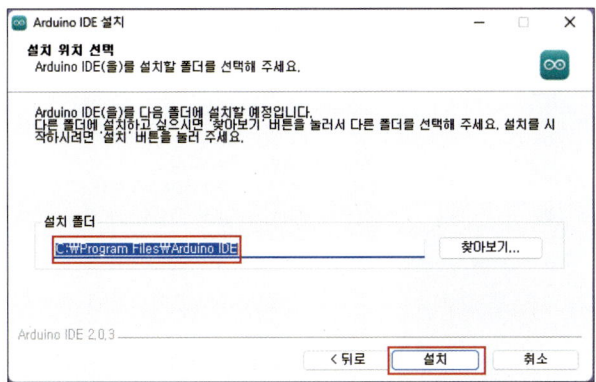

> **알아두기**
>
> [전용]으로 설치하여도 무방합니다. 프로그램이 설치된 위치가 복잡하여 전용으로 설치하지 않았습니다. 학교 컴퓨터 등 관리자 권한이 허용되지 않은 컴퓨터에서는 전용으로 설치하여 사용해도 기능상 전혀 문제되지 않습니다.

전용으로 설치 시 설치 위치는 다음과 같습니다.

08 설치 완료 후 [마침]을 눌러 설치를 완료 합니다. [Arduino IDE 실행하기(R)] 옵션이 기본으로 선택되어 있어 [마침]을 누르면 아두이노 IDE가 자동으로 실행됩니다.

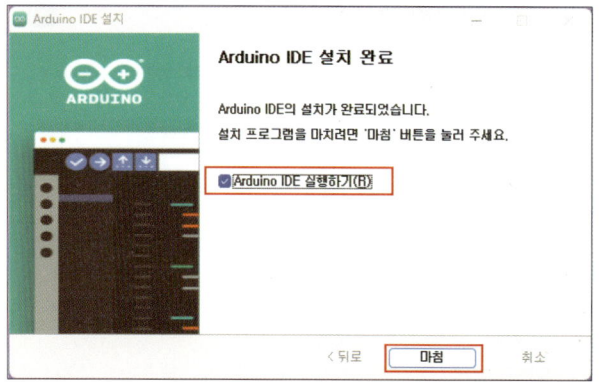

09 바탕화면에 Arduino IDE 실행 아이콘을 더블클릭하여 실행할 수 있습니다.

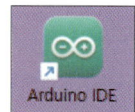

10 처음 설치 후 아두이노의 USB 드라이버의 설치를 묻는 창이 나타납니다. 꼭 [설치] 버튼을 눌러 설치를 진행합니다. 아두이노와 PC간의 연결을 위한 드라이버 설치 과정입니다.

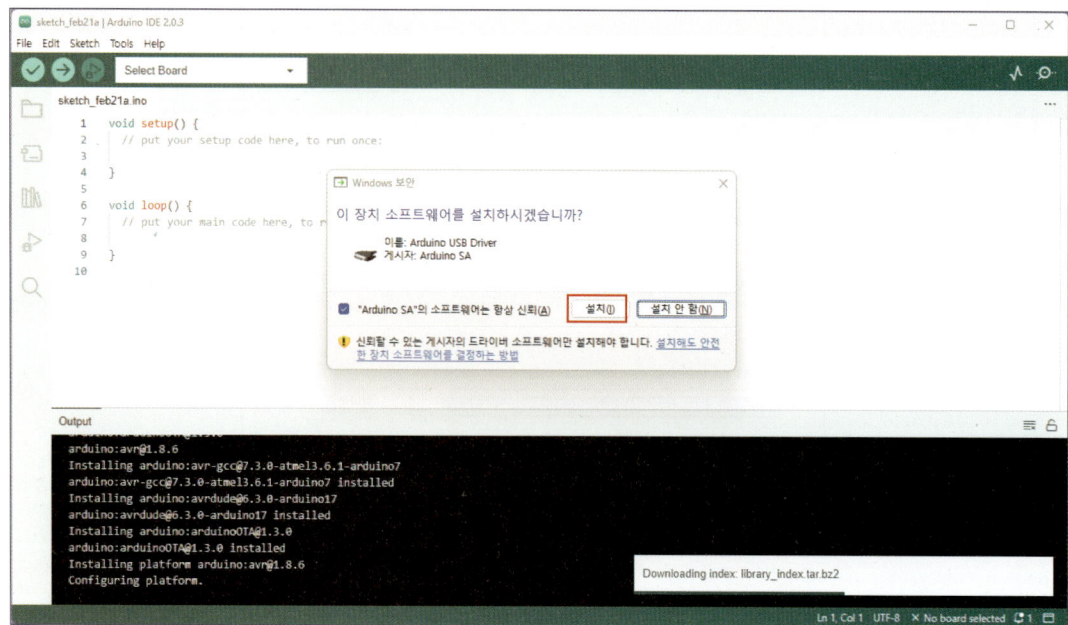

11 [File]-[Preferences…] 메뉴를 클릭한 후 Preferences 창이 나타나면 Language는 "한국어"로 설정합니다.

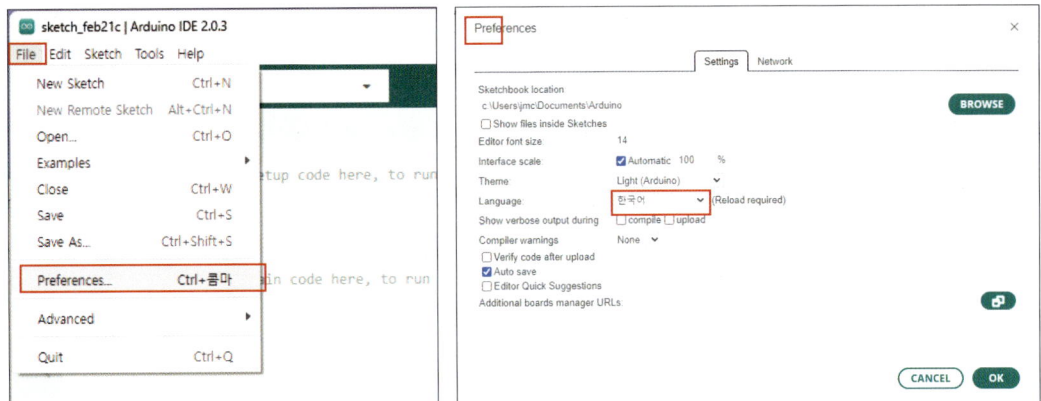

12 한국어로 변경되었습니다.

아두이노 IDE 2.x 버전은 이전 버전과는 많이 다른 UI 디자인을 가지고 있습니다. 이전 버전에서는 메뉴 바와 툴바가 상단에 위치하였으나, 2.x 버전에서는 왼쪽 영역에 사이드바가 추가되었으며, 중앙 영역에 에디터 창이 위치합니다. 아래는 아두이노 IDE 2.x 버전의 화면구성에 대한 자세한 설명입니다.

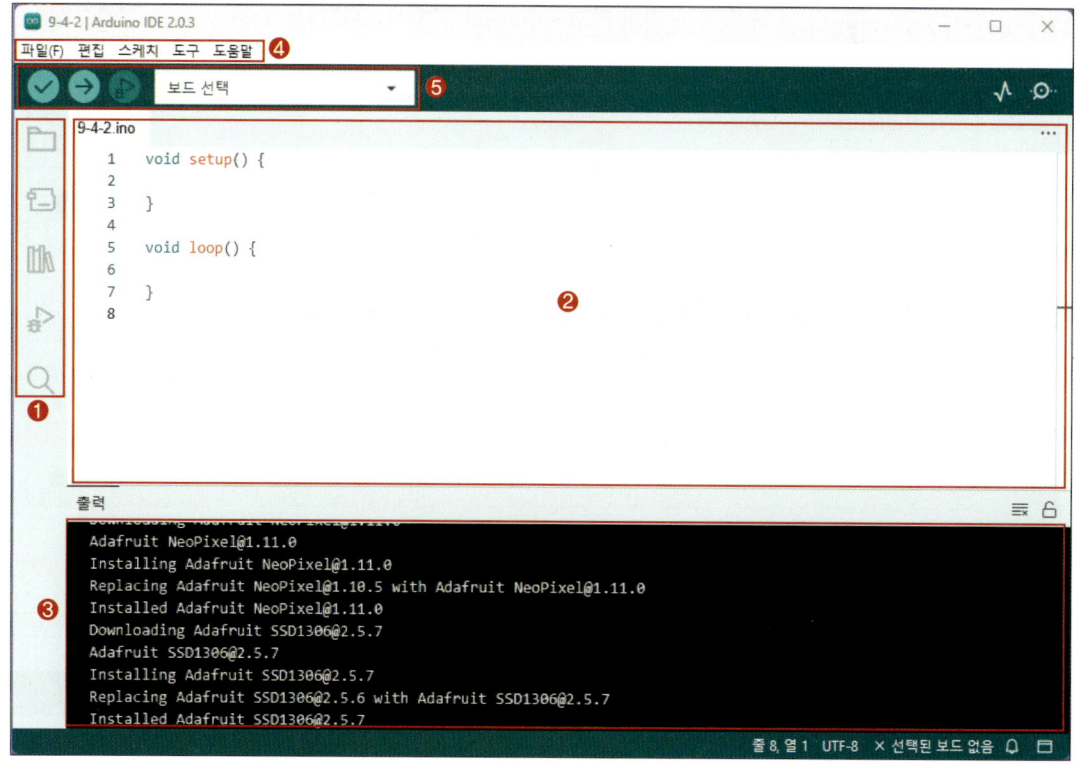

❶ **사이드바** : 왼쪽에 위치한 창으로, 프로젝트 관리 및 라이브러리 관리 등 다양한 기능을 제공합니다. 새로운 프로젝트를 만들거나 기존 프로젝트를 열기 위해서는 사이드바의 "프로젝트" 탭을 이용하면 됩니다. 라이브러리 관리는 "라이브러리" 탭에서 가능합니다. 사이드바에서는 사용자가 많이 사용하는 도구들을 추가하거나 삭제할 수 있습니다.

❷ **에디터 창** : 중앙에 위치한 창으로, 프로그래밍을 위한 코드 편집 화면입니다. 이 창에서는 프로그램 코드 작성, 열기, 저장, 컴파일, 업로드 등의 작업을 수행할 수 있습니다. 에디터 창은 탭으로 구성되어 있어, 다중 파일 편집이 가능합니다.

❸ **하단 창** : 하단에 위치한 창으로, 시리얼 모니터, 디버깅, 컴파일/업로드 진행 상황 등의 정보를 표시합니다. 이전 버전과는 달리 하단창에는 더 많은 정보를 표시하도록 설계되어 있습니다.

❹ **상단 바** : 창 상단에 위치한 바로, "파일", "편집", "보기", "도구", "도움말" 등 다양한 메뉴를 제공합니다. 여기에서는 프로그램 코드의 새로 만들기, 열기, 저장, 실행, 업로드, 포트 연결, 보드 설정 등을 수행할 수 있습니다.

❺ **툴바** : 상단바 바로 아래에 위치하는 창으로, 가장 자주 사용하는 기능들을 빠르게 선택하도록 해줍니다. 예를 들어, 새로운 파일 만들기, 열기, 저장, 업로드 등의 작업을 할 때 더 빠르게 액세스할 수 있습니다.

이러한 UI 디자인 변경은 사용자들이 보다 더 편리하게 아두이노 IDE를 사용할 수 있도록 하였습니다. 새로운 버전에서는 기능 개선 및 사용자 경험 향상을 위한 다양한 기능이 추가되어 있으며, 사용자는 사이드바 및 툴바에서 원하는 도구를 추가하거나 삭제할 수 있습니다. 또한, 에디터 창에서는 코드 자동 완성, 하이라이팅, 디버깅 등의 기능을 이용할 수 있습니다. 이러한 기능들을 이용하면 보다 쉽고 빠르게 아두이노 프로그래밍을 할 수 있습니다.

05 첫 번째 아두이노 코드 실행

아두이노 보드와 PC연결

USB케이블을 이용하여 아두이노 보드와 PC를 연결합니다.

아두이노 보드와 포트 선택

바탕화면에서 아두이노 실행 아이콘( )을 더블클릭하여 아두이노 IDE(통합개발환경)를 실행시킨 후 아두이노 보드 연결하고 Arduino Uno를 선택합니다. COM6은 컴퓨터와 연결된 포트 번호로 컴퓨터마다 다를 수 있습니다.

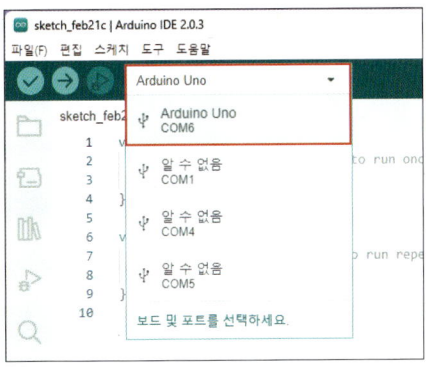

[업로드] 버튼을 눌러 빈 코드를 업로드 합니다.

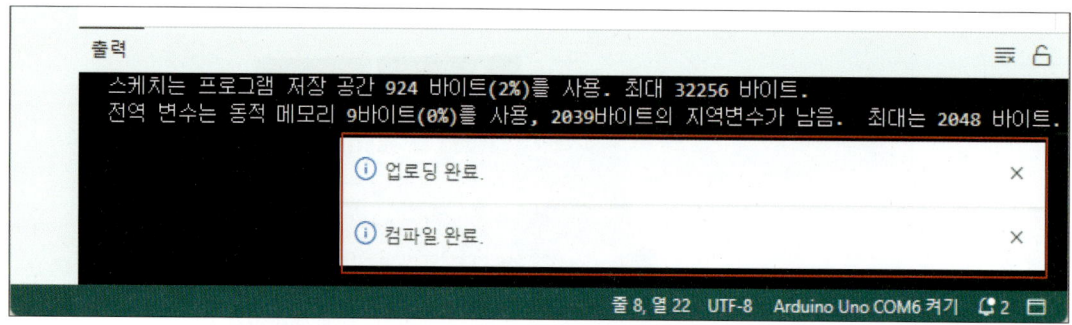

출력 부분에 [업로딩 완료.]의 글자가 출력되면 정상적으로 업로드되어 사용 가능합니다.

아래의 코드를 작성 후 [→ 업로드] 버튼을 눌러 코드를 업로드 합니다.

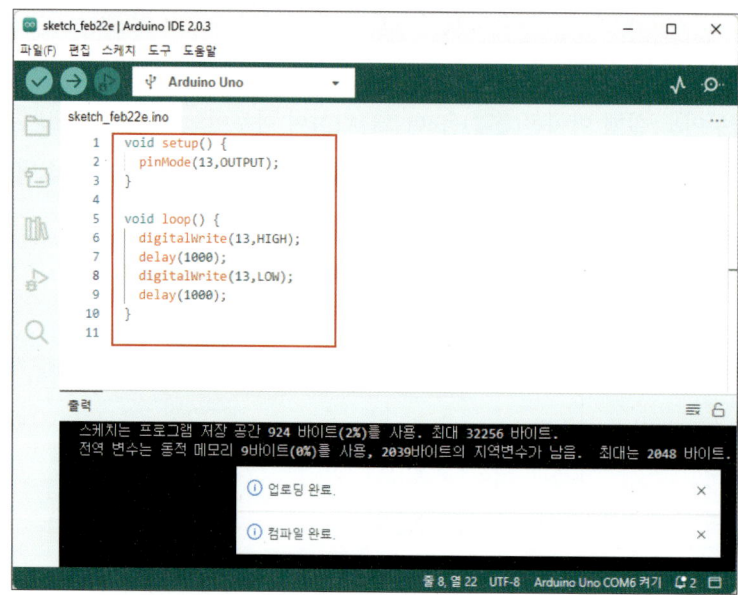

아두이노 우노에 기본 창작된 LED를 1초에 한 번씩 껐다 켰다를 반복하는 코드입니다.

CHAPTER 02

아두이노에서 챗GPT 활용하기

챗GPT 회원 가입 및 사용방법
챗GPT 화면 구성
챗GPT 질문 응답 방법

01 챗GPT 회원 가입하기

ChatGPT는 회원가입 후 무료/유료로 사용할 수 있습니다. ChatGPT 회원가입부터 사용 방법에 대해서 알아보겠습니다.

01 구글에서 "ChatGPT"를 검색 후 아래 사이트에 접속합니다. 또는 ChatGPT 공식 사이트 주소를 직접 입력하여 접속합니다.

- https://openai.com/blog/chatgpt

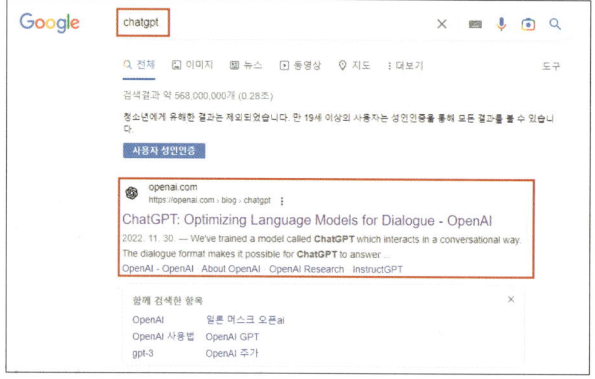

02 [TRY ChatGPT]를 눌러 접속합니다.

03 보통은 다음과 같은 " Welcome to ChatGPT Log in with your OpenAI accoucnt continue(ChatGPT에 오신 것을 환영합니다. 이제 OpenAI 계정으로 로그인하십시오.)" 화면이 보입니다. 이미 OpenAI 계정이 있으신 분이라면 [Log in] 버튼(❶)을 눌러 로그인 후 사용하고, 없으시다면 [Sign up] 버튼(❷)을 눌러 회원 가입 후 진행합니다. 회원 가입해야 되는 분은 06 단계를 이어서 참조합니다. 로그인 이후 무료로 Chat GPT를 사용하실 수 있습니다.

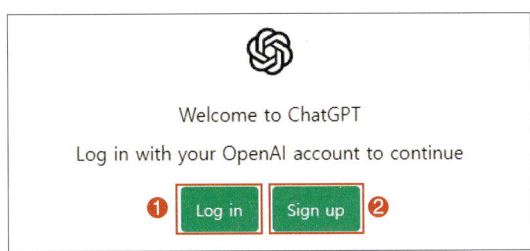

다만 사용자수가 많을 때는 다음과 같이 접속 제한으로 접속이 불가능 합니다. Chat GPT Plus 회원의 경우는 오른쪽에 ID를 입력하여 접속 가능한 링크 주소를 이메일로 받아 볼 수 있습니다.

※ 단, Chat GPT Plus 회원은 월 20$의 구독제 요금이 발생합니다.

Chat GPT Plus 회원의 경우 이메일로 받은 링크주소를 이용하여 사용자가 붐비는 시간에도 [Log In] 화면으로 접속이 가능합니다.

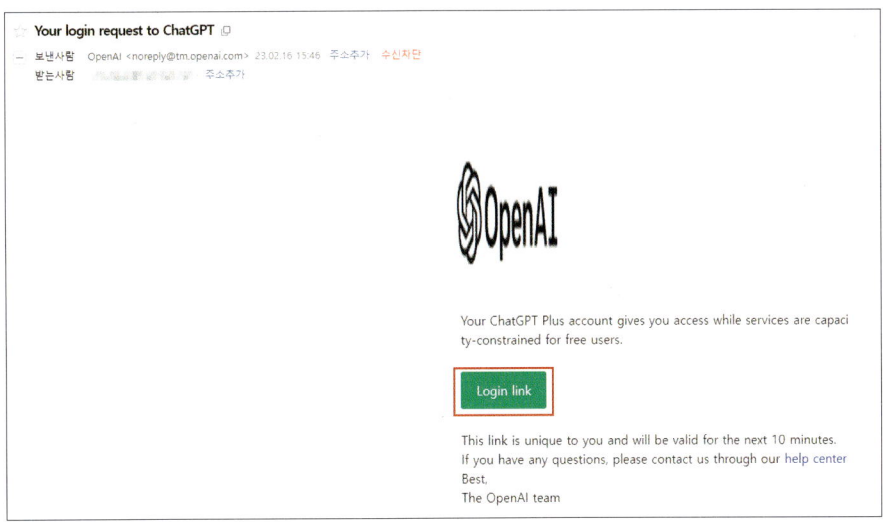

04 로그인 시 이메일주소를 입력합니다.

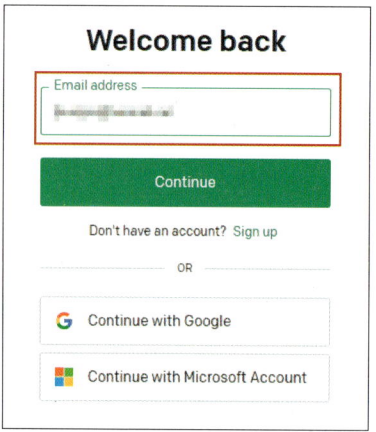

05 비밀번호를 입력 후 [Continue]를 눌러 로그인 합니다.

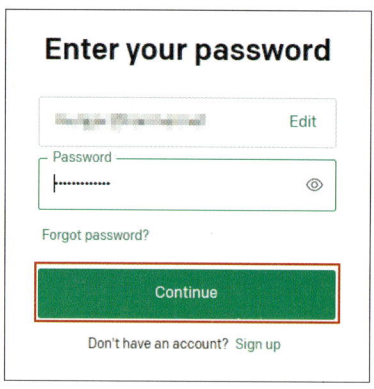

06 회원 가입 시에는 이메일주소를 이용하여 회원 가입이 가능합니다. 또는 구글, 마이크로소프트의 ID 를 이용하여 회원가입이 가능합니다. 이메일 방법 선택 시 메일함에서 인증번호를 받아 입력해야 하는 번 거로움이 있으니 구글 계정 혹은 마이크로소프트 계정 2개 중 하나를 선택해 회원가입을 진행합니다.

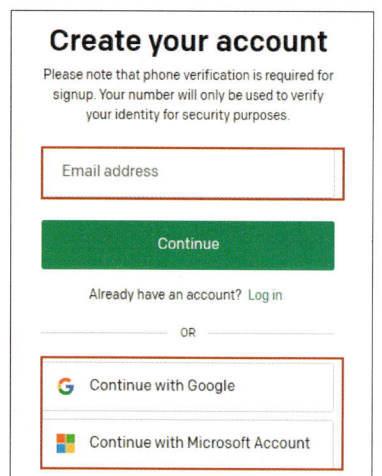

> **TIP** 회원가입 시 이메일 선택 시 메일함에서 인증번호를 받아 입 력해야 하는 번거로움이 있으며, 구글 계정 혹은 마이크로소프트 계정을 이용 하는 경우 한 선택해 회원가입을 진행합니다.

07 회원가입을 진행하면 이름 입력 페이지로 이동합니다. 이름을 입력한 후 [Continue] 버튼을 눌러 다음으로 넘어갑니다. 아래에 Continue(다음)을 누르면 이용약관에 동의하고, 만18세 이상임을 확인하는 것이라고 나타나있지만 미성년자도 별다른 인증없이 사용 가능합니다.

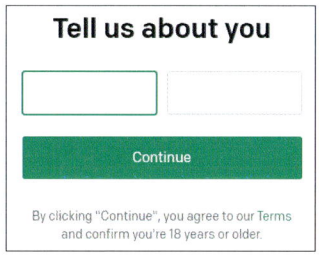

08 이름 입력 후 전화번호 인증을 받습니다. 국번 +82 옆에 본인의 전화번호를 입력하고, [Send Code] 버튼을 클릭합니다. 전화번호 인증 없이는 회원 가입을 할 수 없습니다.

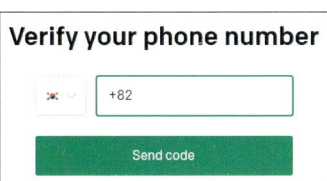 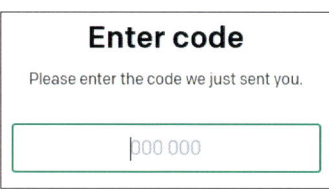 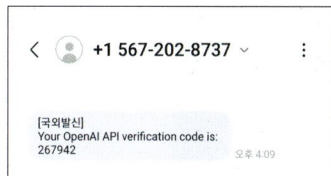

09 입력한 전화번호의 스마트폰으로 인증번호가 발송되고, 인증번호를 받았다면 해당 사이트에 입력한 후 Enter 키를 눌러 회원가입을 완료합니다.

10 회원가입을 완료하였다면 다음처럼 ChatGPT 메인 화면으로 이동됩니다. ChatGPT를 사용하고 싶다면 사이트 중앙 하단에 있는 메시지 창에 궁금한 질문 내용을 입력하고, Enter 버튼 혹은 진행 아이콘(✈)을 클릭하시면 됩니다.

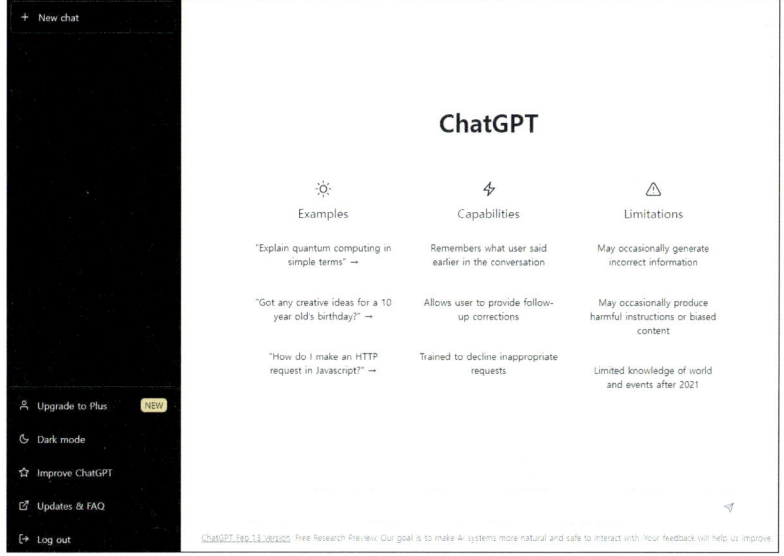

▲ ChatGPT 메인 페이지

02 챗GPT의 메인 화면 구성 살펴보기

ChatGPT 사이트 메인 화면 구성은 다음과 같습니다.

- ChatGPT : https://chat.openai.com/chat

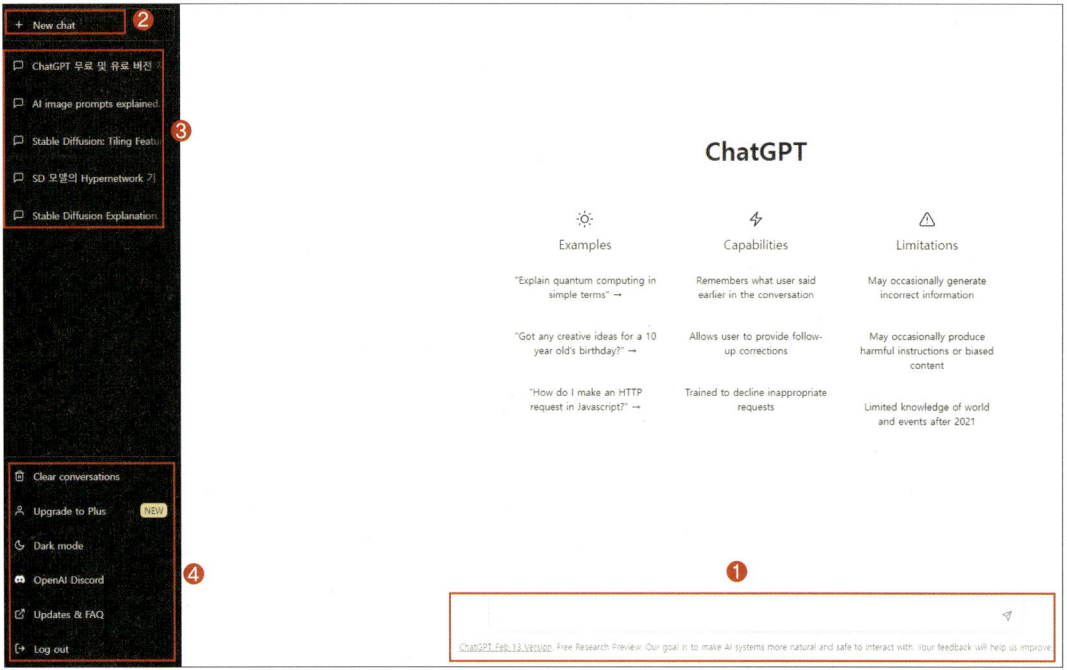

❶ 질문을 입력하는 입력창입니다. 질문은 영어, 한국어 모두 가능하며 답변도 정상적으로 받을 수 있습니다.

❷ 새로운 Chat을 실행 할 수 있습니다. 새로운 채팅방이 열려 채팅을 시작할 수 있습니다.

❸ 대화하고 있는 채팅방의 목록이 표시됩니다.

❹ Chat GPT의 메뉴입니다.

- Clear conversations : Chat GPT와의 대화 기록을 삭제하는 기능입니다. 이 기능을 사용하면, Chat GPT와의 대화 내용을 초기화하여 이전에 대화한 내용이나 정보를 모두 삭제할 수 있습니다. 일반적으로, Chat GPT와의 대화를 진행할 때 이전에 대화했던 내용이 남아 있을 수 있습니다. 이는 Chat GPT가 기억하고 있는 대화 기록을 이용해 더욱 자연스러운 대화를 진행할 수 있게 해주기 때문입니다. 그러나, 기존의 대화 기록이 현재 대화와 무관한 내용이거나, 더 이상 필요하지 않은 경우에는 "Clear Conversations" 기능을 사용하여 대화 기록을 초기화하여 새로운 대화를 시작할 수 있습니다.

- Dark mode : 화면은 UI를 어둡게 또는 밝게 변경이 가능합니다.
- Upgrade to Plus : ChatGPT Plus는 기존의 일반 GPT 모델에 비해 더 크고 복잡한 모델입니다.

주요 차이점은 다음과 같습니다.
- **모델 크기:** ChatGPT Plus는 기존 GPT 모델보다 훨씬 큰 모델이며, 매개변수의 수가 훨씬 많습니다. 이로 인해 더 많은 데이터와 연산 능력이 필요하며, 더욱 정교한 작업을 수행할 수 있습니다.
- **데이터양:** ChatGPT Plus는 기존 모델에 비해 더 많은 양의 데이터를 사용하여 학습되었습니다. 이로 인해 더 많은 정보와 패턴을 학습하고, 더욱 정확하고 다양한 예측을 수행할 수 있습니다.
- **성능:** ChatGPT Plus는 기존 모델에 비해 더 우수한 성능을 발휘합니다. 이는 모델 크기와 데이터양의 증가로 인한 것입니다.
- **다양한 작업:** ChatGPT Plus는 기존 모델에 비해 더 다양한 작업을 수행할 수 있습니다. 예를 들어, 대화 시나리오 외에도 요약, 번역, 질문 답변 등의 작업에서도 우수한 성능을 보입니다.

요약하면, ChatGPT Plus는 기존 모델에 비해 더 크고 복잡하며, 더 많은 데이터와 연산 능력이 필요하지만, 이에 비해 더욱 우수한 성능과 다양한 작업을 수행할 수 있습니다.

Free Plan(무료)과 ChatGPT Plus(유료) 플랜의 차이입니다. ChatGPT Plus의 경우 월 20$의 구독 요금이 발생합니다.

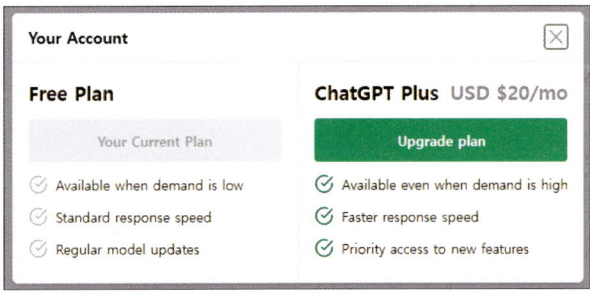

유료구독의 경우 해외 결재가 가능한 카드가 필요합니다. 아래의 정보를 입력 후 [구독하기] 버튼을 누르면 월 20$요금으로 ChatGPT Plus의 사용이 가능합니다.

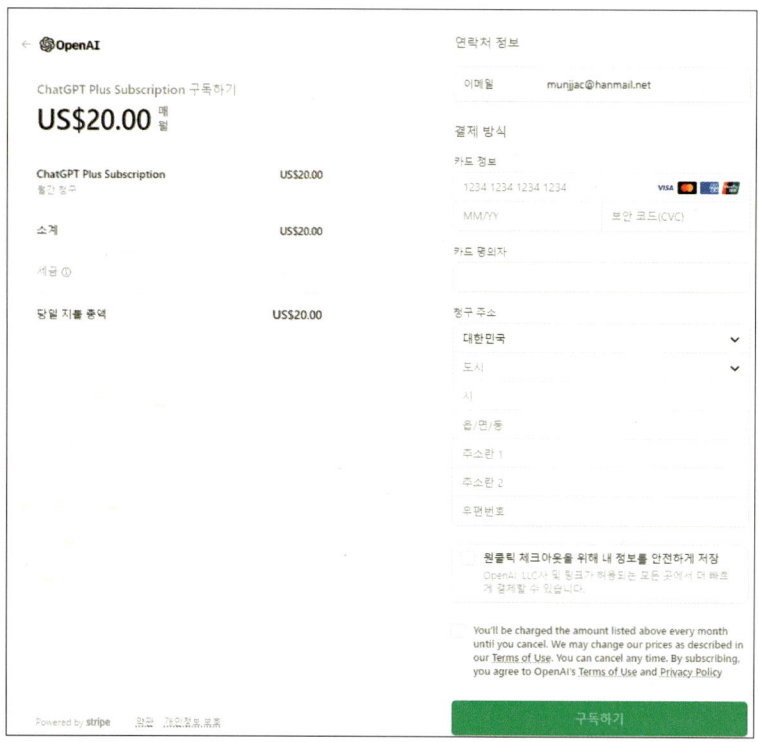

- My account : 계정정보를 보여줍니다.
- Updates & FAQ : 업데이트 상황과 질문답변을 보여줍니다.
- Log out : 로그아웃 합니다.

03 챗GPT 사용과 아두이노 활용 방법

챗GPT 사용 방법 익히기

ChatGPT와 대화는 다음과 같이 질문-답변 형식으로 진행합니다.

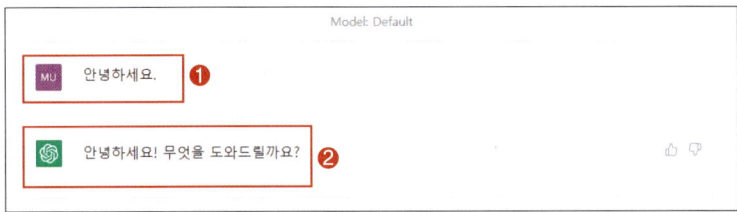

❶ ChatGPT에게 질문한 내용이 표시됩니다. 질문은 영어, 또는 한글로 입력해도 모두 답변 받을 수 있습니다.

❷ 답변이 표시됩니다. 답변은 검색엔진처럼 즉시 답하는 형식이 아니라 인공지능이 답변을 써내려가는 형식으로 이루어집니다.

만약 질문의 답변이 마음에 들지 않을 경우에는 똑같은 질문을 다시하거나 [Regenerate response] 버튼을 누르면 새로운 답변을 받을 수 있습니다. 새로운 답변을 받을 경우 답변 옆에 [번호가] 생성되며 이전답변은 지우지 않고 새로운 답변을 함께 볼 수 있습니다.

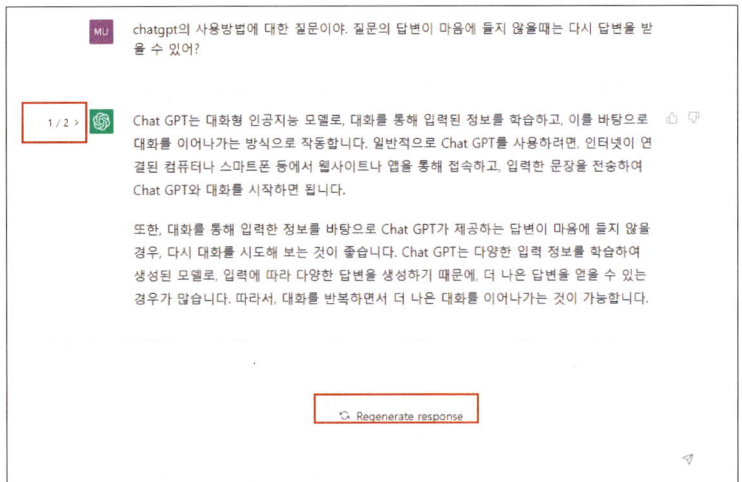

질문 내용 변경도 가능합니다. 질문 옆에 [수정] 아이콘(✏)을 클릭하면 질문 내용을 수정할 수 있습니다.

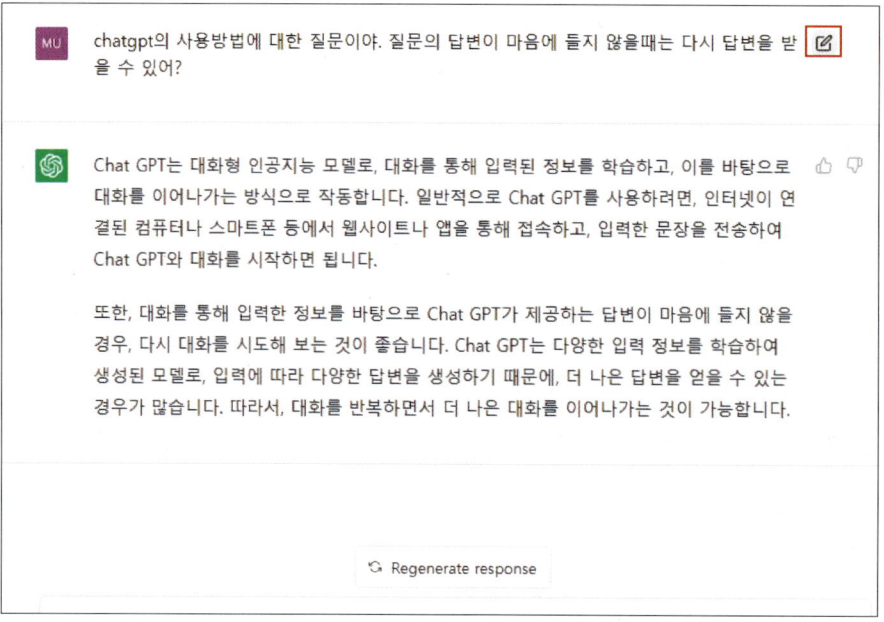

질문 수정 후 [Save & Submit] 버튼을 눌러 수정된 질문으로 다시 질문이 가능합니다. 질문도 이전의 질문이 남아 있어 수정되기 전의 질문도 확인이 가능합니다.

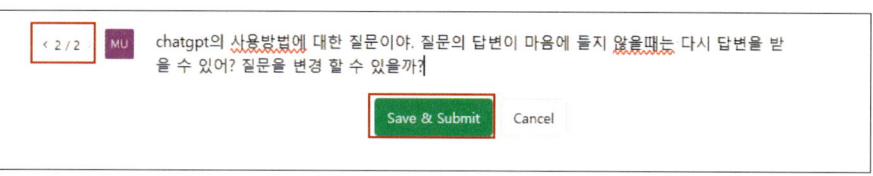

ChatGPT가 답변한 소스 코드 활용하는 방법

챗GPT를 활용해서 아두이노 소스 코드를 만드는 방법 역시 위 챗GPT 사용방법과 동일합니다. 아두이노로 구현하는 실습의 소스 코드를 ChatGPT의 텍스트 상자에 질문하여 답변을 받을 수 있습니다. 만약 답변이 만족스럽지 못할 경우 추가적인 질문을 통해 만족스러운 답변을 수도 있습니다.

예를 들면 필자가 ChatGPT에게 질문글(❶)을 입력하면 ChatGPT 답변글과 소스 코드(❷)를 만들어 냅니다. [Copy code](❸)를 눌러 소스 코드를 클립보드에 복사한 후 아두이노 IDE 입력창에 복사하여 업로드하면 실제 실행 내용(❹)에 대한 동작 결과를 확인할 수 있습니다.

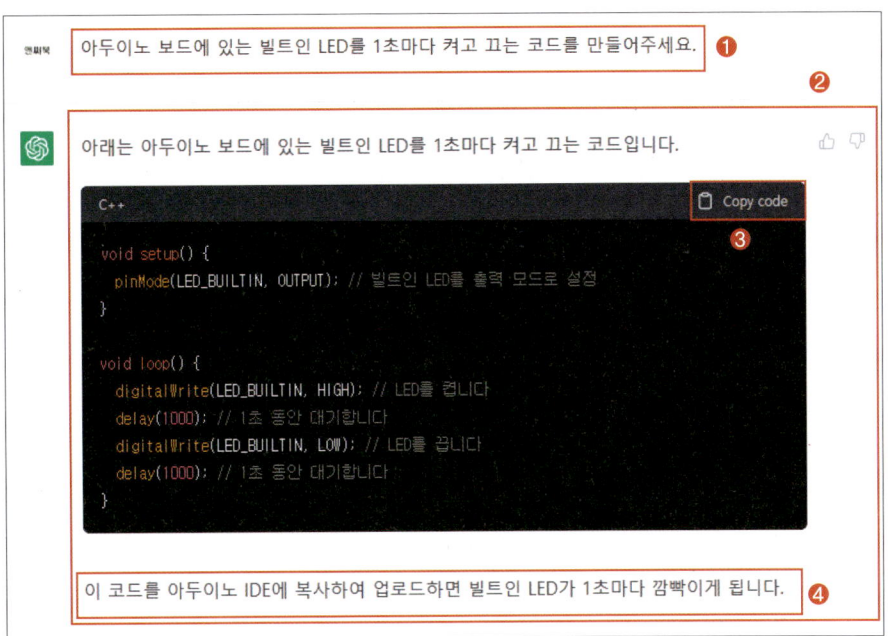

만약 만족스러운 답변이 아니거나 추가 답변을 원할 경우 이어서 추가 질문을 진행하면 됩니다. 만약 코드에 오류가 발생하는 경우 역시 왜 오류가 발생하는지 추가 질문을 통해 문제점을 해결할 수 있습니다.

CHAPTER 03

디지털
출력

디지털 출력의 개념 및 작동 원리
아두이노의 디지털 출력을 사용하는 방법
디지털 출력을 이용한 LED 켜고 끄기
디지털 출력을 이용한 피에조 부저

01 디지털 출력의 개념 및 작동원리

아두이노는 디지털 출력을 사용하여 외부 장치를 제어할 수 있습니다. 디지털 출력은 전기적인 신호를 통해 연결된 장치를 켜거나 끌 수 있습니다.

디지털 출력 핀은 아두이노 보드의 디지털 출력 핀으로 설정해야합니다. 디지털 출력 핀은 LOW 또는 HIGH 신호를 보낼 수 있습니다. LOW는 0V에 해당하며 HIGH는 5V에 해당합니다.

디지털 출력 핀을 사용하여 LED를 제어할 수 있습니다. 예를 들어, LED를 켜려면 디지털 출력 핀을 HIGH로 설정하면 됩니다. 그러면 전류가 흐르기 시작하여 LED가 켜집니다. 반대로 LED를 끄려면 디지털 출력 핀을 LOW로 설정하면 됩니다.

또한, 모터나 서보모터 등 다양한 외부 장치를 디지털 출력 핀을 사용하여 제어할 수 있습니다. 이를 위해 외부 장치를 제어하는 방법에 대한 추가적인 지식이 필요합니다.

디지털 출력은 아두이노에서 제공하는 디지털 출력 핀을 사용하여 전기적인 신호를 외부 장치에 보내는 방식입니다. 디지털 출력 핀은 전류를 ON 또는 OFF 상태로 바꿀 수 있으며, 이를 통해 외부 장치를 켜거나 끌 수 있습니다.

디지털 출력의 작동 원리는 매우 간단합니다. 아두이노의 디지털 출력 핀은 내부적으로 마이크로컨트롤러의 디지털 출력 핀과 연결되어 있습니다. 이 때, 디지털 출력 핀은 마이크로컨트롤러의 출력 포트를 제어하여 출력 전압을 0V(LOW) 또는 5V(HIGH)로 바꿉니다.

만약 디지털 출력 핀이 LOW로 설정되면, 출력 포트는 GND에 연결되고 전류가 흐르지 않으므로 연결된 장치가 꺼집니다. 반대로 디지털 출력 핀이 HIGH로 설정되면, 출력 포트는 5V에 연결되고 전류가 흐르기 시작하여 연결된 장치가 켜집니다.

예를 들어, LED를 켜려면 아두이노의 디지털 출력 핀을 HIGH로 설정하여 전류가 LED를 흐르도록 하면 됩니다. 이와 같이 디지털 출력을 사용하여 다양한 외부 장치를 제어할 수 있습니다.

02 아두이노에서 디지털 출력을 사용하는 방법

아두이노에서 디지털 출력을 사용하는 방법은 다음과 같습니다.

디지털 핀 선택

먼저 디지털 출력을 사용할 핀을 선택해야 합니다. 아두이노 보드에는 디지털 출력이 가능한 핀이 여러 개 있습니다. 예를 들어, 아두이노 Uno 보드의 경우 디지털 출력이 가능한 핀은 0부터 13까지 총 14개입니다. 이 중에서 사용하려는 핀을 선택합니다.

▲ 아두이노 보드의 디지털 출력 핀

pinMode 함수로 출력 모드로 설정

선택한 핀을 출력으로 사용하기 위해서는 pinMode 함수를 사용하여 해당 핀을 출력 모드로 설정해야 합니다. 다음은 pinMode 함수의 사용 예시입니다.

```
int pin =13; // 사용할 핀 번호
pinMode(pin, OUTPUT); // 해당 핀을 출력 모드로 설정
```

digitalWrite 함수로 출력값 설정

핀을 출력 모드로 설정한 후에는 digitalWrite 함수를 사용하여 해당 핀의 출력값을 설정할 수 있습니다. digitalWrite 함수는 첫 번째 매개변수로 핀 번호를, 두 번째 매개변수로 출력값(HIGH 또는 LOW)을 전달합니다. 다음은 digitalWrite 함수의 사용 예시입니다.

```
int pin =13; // 사용할 핀 번호
digitalWrite(pin, HIGH); // 해당 핀의 출력 값을 HIGH로 설정
delay(1000); // 1초 동안 대기
digitalWrite(pin, LOW); // 해당 핀의 출력 값을 LOW로 설정
delay(1000); // 1초 동안 대기
```

위의 예시 코드는 13번 핀의 출력값을 1초 간격으로 HIGH와 LOW를 번갈아 가면서 바꿉니다. 이와 같은 방식으로 디지털 출력을 제어할 수 있습니다.

아두이노 보드에서 디지털 출력이 가능한 핀은 아래와 같습니다.

- 아두이노 Uno, Duemilanove, Diecimila, LilyPad, Mini, Fio, Nano 등
- 디지털 핀: 0 ~ 13
- 아날로그 핀: A0 ~ A5

- 아두이노 Mega, Mega 2560, Mega ADK 등
- 디지털 핀: 0 ~ 53
- 아날로그 핀: A0 ~ A15

- 아두이노 Leonardo, Micro 등
- 디지털 핀: 0 ~ 13, 14(A0), 15(A1), 16(A2), 17(A3), 18(A4), 19(A5)
- 아날로그 핀: A0 ~ A5

- 아두이노 Due
- 디지털 핀: 0 ~ 53
- 아날로그 핀: A0 ~ A11

위의 정보를 참고하여, 사용하는 아두이노 보드의 디지털 출력이 가능한 핀을 확인하시면 됩니다.
이 책에서 실습 키트로 사용하는 아두이노 우노(Uno)보드의 경우 디지털 핀 0~13번(❶), 아날로그 핀 A0~A5번(❷) 모두 디지털 출력 핀으로 사용 가능합니다.

03 디지털 출력을 이용한 LED 켜고 끄기

LED정의

LED(발광 다이오드, Light Emitting Diode)는 전기가 흐를 때 발광하는 반도체 소자입니다. 전기가 흐르면 발광 다이오드 내부의 전자와 정공이 결합되면서 에너지가 방출되어 빛이 나옵니다.

LED는 전력 소모가 적고, 수명이 길며, 다양한 색상으로 제공되므로 전자 제품 및 조명 분야에서 광범위하게 사용됩니다. 아두이노에서 LED를 제어하기 위해서는 디지털 출력 핀을 사용하여 전압을 조절하면 됩니다. 일반적으로 LED의 긴 다리(❶)를 양극에 연결하고, 짧은 다리(❷)를 음극에 연결합니다.

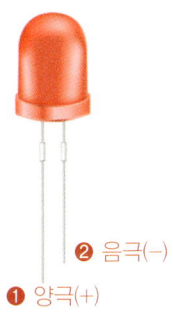

LED의 양극과 음극을 올바르게 연결해야만 제대로 작동하며, 잘못 연결하면 소자가 손상될 수 있습니다. LED의 색상에 따른 전압의 차이는 다음과 같습니다.

- 빨간색 LED: 전압이 보통 1.8V ~ 2.2V 정도입니다.
- 녹색 LED: 전압이 보통 2.0V ~ 3.4V 정도입니다.
- 파란색 LED: 전압이 보통 3.0V ~ 3.6V 정도입니다.
- 흰색 LED: 전압이 보통 3.0V ~ 3.6V 정도입니다.

위의 값은 일반적인 LED의 특성값이며, 제조사나 모델에 따라서 차이가 있을 수 있습니다. 또한 LED에 따라서 전압 차이뿐만 아니라 최대 전류 값이 다를 수 있으므로, 아두이노에서 LED를 사용할 때에는 이러한 사항들을 참고하여 전압과 전류 값을 적절히 설정해야 합니다. 일반적으로 아두이노에서 LED를 제어할 때는 220옴 정도의 저항을 사용하여 제어하는 것이 일반적입니다. 이를 통해, LED가 너무 많은 전류를 받아 소자가 손상되는 것을 방지할 수 있습니다.

사용부품

아래의 부품을 준비합니다.

부품명	수량
RGB LED모듈	1개
수-수 점퍼케이블	5개

회로연결

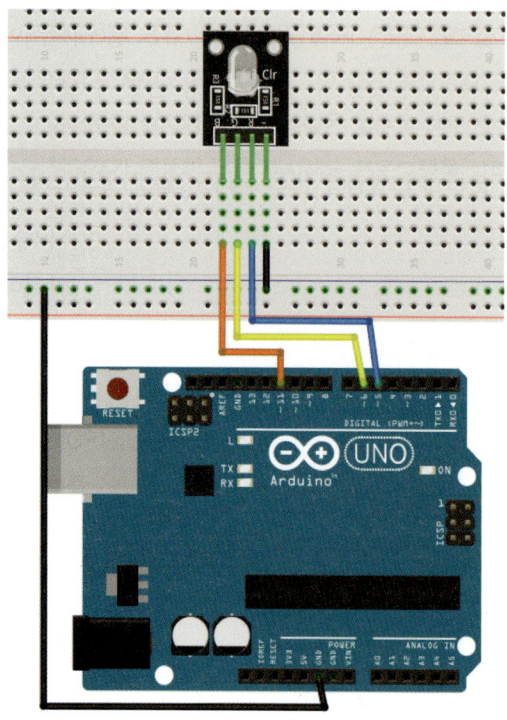

※RGB LED모듈의 경우 제조사나 제조 시점에 따라서 핀의 번호가 다를 수 있으니 RGB LED모듈의 표시된 내용으로 연결합니다.

아래의 표를 참고하여 RGB LED와 아두이노를 연결합니다.

부품	아두이노
RGB LED모듈의 R	D5
RGB LED모듈의 G	D6
RGB LED모듈의 B	D11
RGB LED모듈의 -	GND

인공지능 쉴드에서는 RGB LED가 다음의 위치에 구성되어 있습니다.

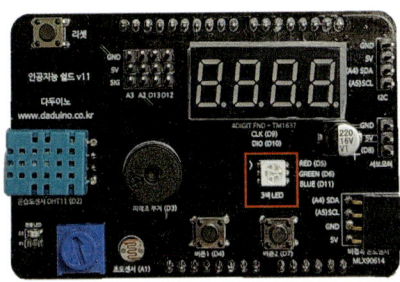

다음은 아두이노 보드와 인공지능 쉴드를 결합하는 방법으로 아두이노 보드와 인공지능 쉴드를 준비합니다.

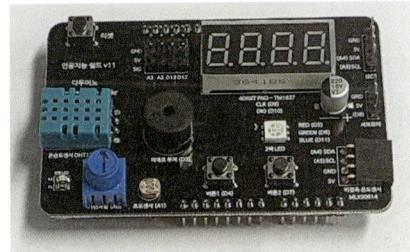 

아두이노 보드 위에 인공지능 쉴드를 핀에 맞추어 아래와 같이 조립하여 사용합니다.

실습하기

 아두이노의 D5번 핀에 빨간색 LED가 연결되어 있습니다.
빨간색 LED를 0.5초마다 깜빡이는 코드를 작성해주세요.

 D5번 핀에 빨간색 LED가 연결되어 있다면, 다음과 같은 코드를 사용하여 0.5초마다 LED를 깜박이게 할 수 있습니다.

3-3-1.ino

```
int ledPin = 5; // 빨간색 LED가 연결된 핀 번호

void setup(){
  pinMode(ledPin, OUTPUT); // LED가 연결된 핀을 출력 모드로 설정
}
void loop(){
  digitalWrite(ledPin, HIGH); // LED를 켬
  delay(500); // 0.5초 동안 대기
  digitalWrite(ledPin, LOW); // LED를 끔
  delay(500); // 0.5초 동안 대기
}
//3-3-1
```

위 코드에서 setup 함수에서는 D5 핀을 출력 모드로 설정하고, loop 함수에서는 digitalWrite 함수를 사용하여 LED를 켜고 끕니다. delay 함수를 사용하여 LED가 켜진 상태와 꺼진 상태를 각각 0.5초 동안 유지합니다. 이러한 과정을 반복하면, 0.5초마다 LED가 깜박이게 됩니다.

결과확인

[업로드] 버튼을 눌러 코드를 업로드합니다.
LED가 켜졌다 꺼졌다를 0.5초마다 반복합니다.

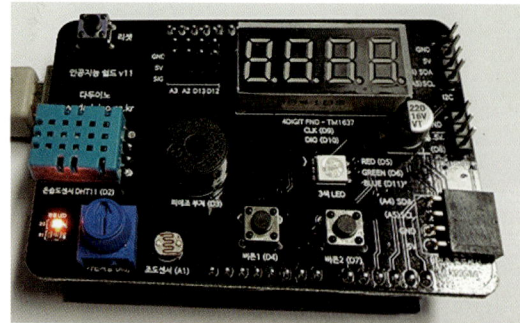 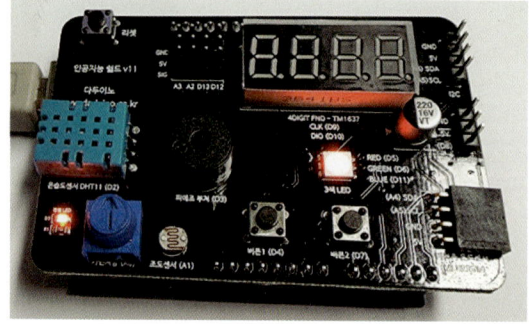

아두이노에서 setup( )과 loop( ) 함수가 어떻게 동작하는지 설명해주세요.

 아두이노의 코드는 setup() 함수와 loop() 함수로 구성됩니다.

- setup() 함수: 아두이노가 처음 시작될 때, 단 한 번 실행되는 함수입니다. 이 함수에서는 초기화에 필요한 작업을 수행합니다. 예를 들어, 핀 모드 설정, 라이브러리 초기화 등을 수행할 수 있습니다. 이 함수가 실행되는 동안에는 다른 코드는 실행되지 않습니다.
- loop() 함수: setup() 함수가 실행된 후, loop() 함수가 계속해서 반복적으로 실행됩니다. 이 함수에서는 주로 센서 데이터를 읽거나, 출력 핀을 제어하는 등의 작업을 수행합니다. loop() 함수가 실행되는 동안에는 이 함수가 끝날 때까지 다른 코드는 실행되지 않습니다.

즉, setup() 함수는 아두이노가 처음 시작될 때, 초기화에 필요한 작업을 수행하는 함수이고, loop() 함수는 초기화가 끝난 후, 반복적으로 실행되며 주요 작업을 수행하는 함수입니다.

이러한 구조 때문에, 아두이노 코드는 기본적으로 무한 루프 구조를 가지며, loop() 함수에서 처리되는 작업들은 계속해서 반복적으로 실행됩니다

 아두이노의 D5번 핀에 빨간색 , D6번은 녹색, D11번은 파란색 LED가 각각 연결되어 있습니다. 빨간색 녹색 파란색 LED가 순차적으로 켜지는 코드를 작성해주세요.

 D5, D6, D11 핀에 각각 빨간색, 녹색, 파란색 LED가 연결되어 있다면, 다음과 같은 코드를 사용하여 각 LED가 순차적으로 켜지는 코드를 작성할 수 있습니다.

3-3-2.ino

```
int redPin = 5;     // 빨간색 LED가 연결된 핀 번호
int greenPin = 6;   // 녹색 LED가 연결된 핀 번호
int bluePin = 11;   // 파란색 LED가 연결된 핀 번호

void setup(){
  pinMode(redPin, OUTPUT);   // 빨간색 LED가 연결된 핀을 출력 모드로 설정
  pinMode(greenPin, OUTPUT); // 녹색 LED가 연결된 핀을 출력 모드로 설정
  pinMode(bluePin, OUTPUT);  // 파란색 LED가 연결된 핀을 출력 모드로 설정
}

void loop(){
  // 빨간색 LED를 켜고 다른 색 LED를 끕니다
  digitalWrite(redPin, HIGH);
  digitalWrite(greenPin, LOW);
  digitalWrite(bluePin, LOW);
  delay(1000); // 1초 동안 대기

  // 녹색 LED를 켜고 다른 색 LED를 끕니다
  digitalWrite(redPin, LOW);
  digitalWrite(greenPin, HIGH);
  digitalWrite(bluePin, LOW);
  delay(1000); // 1초 동안 대기
```

```
    // 파란색 LED를 켜고 다른 색 LED를 끕니다
    digitalWrite(redPin, LOW);
    digitalWrite(greenPin, LOW);
    digitalWrite(bluePin, HIGH);
    delay(1000); // 1초 동안 대기
  }
//3-3-2
```

위 코드에서는 빨간색, 녹색, 파란색 LED를 차례로 켜고 끄기 위해 digitalWrite 함수와 delay 함수를 사용합니다. loop 함수에서는 빨간색 LED를 켜고 0.5초 동안 대기한 후, LED를 끕니다. 그 다음에는 녹색 LED를 켜고 0.5초 동안 대기한 후, LED를 끕니다. 마지막으로 파란색 LED를 켜고 0.5초 동안 대기한 후, LED를 끕니다. 이 과정을 반복하면, 빨간색, 녹색, 파란색 LED가 차례로 켜지고 꺼지게 됩니다.

결과확인

[▶ 업로드] 버튼을 눌러 코드를 업로드합니다.

빨간색 -> 녹색 -> 파란색으로 순차적으로 LED가 점등되며 켜지는 동작을 반복합니다.

 아두이노의 D5번 핀에 빨간색 , D6번은 녹색, D11번은 파란색 LED가 각각 연결되어 있습니다. R, G, B 세 가지 색을 혼합하여 다양한 색을 표현해주세요.

 RGB LED 제어: R, G, B 세 가지 색을 혼합하여 다양한 색을 표현하는 RGB LED를 제어하는 예제입니다.

3-3-3.ino

```
int redPin = 5;     // 빨간색 LED가 연결된 핀 번호
int greenPin = 6;   // 녹색 LED가 연결된 핀 번호
int bluePin = 11;   // 파란색 LED가 연결된 핀 번호

void setup(){
  pinMode(redPin, OUTPUT);    // 빨간색 LED가 연결된 핀을 출력 모드로 설정
  pinMode(greenPin, OUTPUT);  // 녹색 LED가 연결된 핀을 출력 모드로 설정
  pinMode(bluePin, OUTPUT);   // 파란색 LED가 연결된 핀을 출력 모드로 설정
}

void loop(){
  // 빨간색 LED를 켜고 다른 색 LED를 끕니다
  digitalWrite(redPin, HIGH);
  digitalWrite(greenPin, LOW);
  digitalWrite(bluePin, LOW);
  delay(1000); // 1초 동안 대기
```

```
    // 녹색 LED를 켜고 다른 색 LED를 끕니다
    digitalWrite(redPin, LOW);
    digitalWrite(greenPin, HIGH);
    digitalWrite(bluePin, LOW);
    delay(1000);   // 1초 동안 대기

    // 파란색 LED를 켜고 다른 색 LED를 끕니다
    digitalWrite(redPin, LOW);
    digitalWrite(greenPin, LOW);
    digitalWrite(bluePin, HIGH);
    delay(1000);   // 1초 동안 대기

    // 빨간색과 녹색을 섞어 노란색을 표현합니다
    digitalWrite(redPin, HIGH);
    digitalWrite(greenPin, HIGH);
    digitalWrite(bluePin, LOW);
    delay(1000);   // 1초 동안 대기

    // 빨간색과 파란색을 섞어 자주색을 표현합니다
    digitalWrite(redPin, HIGH);
    digitalWrite(greenPin, LOW);
    digitalWrite(bluePin, HIGH);
    delay(1000);   // 1초 동안 대기

    // 녹색과 파란색을 섞어 청록색을 표현합니다
    digitalWrite(redPin, LOW);
    digitalWrite(greenPin, HIGH);
    digitalWrite(bluePin, HIGH);
    delay(1000);   // 1초 동안 대기

    // 빨간색과 녹색, 파란색을 모두 섞어 흰색을 표현합니다
    digitalWrite(redPin, HIGH);
    digitalWrite(greenPin, HIGH);
    digitalWrite(bluePin, HIGH);
    delay(1000);   // 1초 동안 대기
}
//3-3-3
```

앞의 예제들은 아두이노에서 디지털 출력 기능을 이용하여 LED를 제어하는 대표적인 예제입니다. 이러한 예제들을 통해 아두이노와 LED의 기본적인 개념과 사용 방법을 익힐 수 있습니다.

결과확인

[업로드] 버튼을 눌러 코드를 업로드합니다.

빨간색 -> 녹색 -> 파란색 -> 노란색 -> 자주색 -> 청록색 -> 흰색 순으로 LED가 순차적으로 점멸되며 동작합니다.

04 디지털 출력을 이용한 피에조 부저

피에조부저 정의

피에조 부저(Piezo Buzzer)는 전기적 신호를 받아 진동을 일으켜 소리를 내는 부저입니다. 일반적으로 피에조 부저는 작은 크기로 제작되어 있고, 높은 음과 낮은 음을 모두 내는 다양한 음을 발생시킬 수 있습니다.

피에조 부저는 아날로그적 방법으로 작동합니다. 부저의 디스크에 전기적 신호가 인가되면, 디스크가 진동을 일으키면서 공기를 압축하고 이완시켜 소리가 발생합니다. 디스크의 진동 빈도는 전기적 신호의 주파수에 따라 결정됩니다. 따라서, 다양한 주파수를 인가함으로써 다양한 음을 발생시킬 수 있습니다.

피에조 부저는 아두이노와 같은 마이크로컨트롤러 기반 시스템에서 매우 일반적으로 사용되며, 경보음, 신호음, 경고음 등 다양한 용도로 사용됩니다.

사용부품

아래의 부품을 준비합니다.

부품명	수량
피에조부저	1개
수-수 점퍼케이블	3개

회로연결

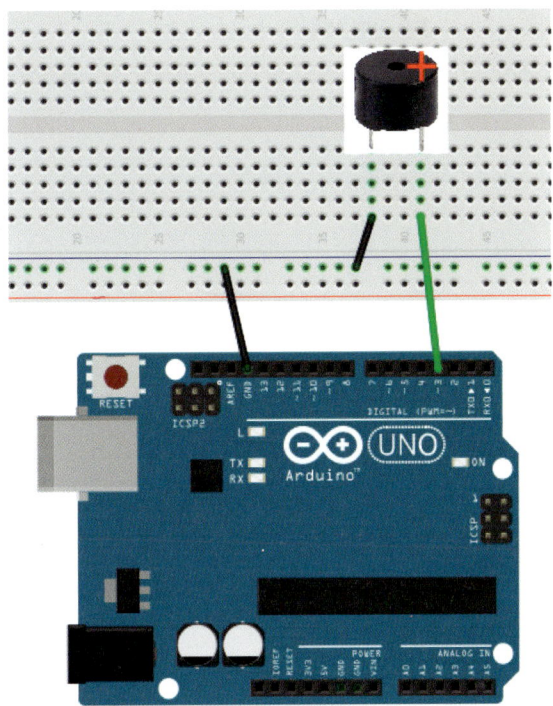

아래의 표를 참고하여 피에조부저와 아두이노를 연결합니다.

부품	아두이노
피에조부저 +	D3
피에조부저 −	GND

인공지능 쉴드에서는 피에조부저가 다음의 위치에 구성되어 있습니다.

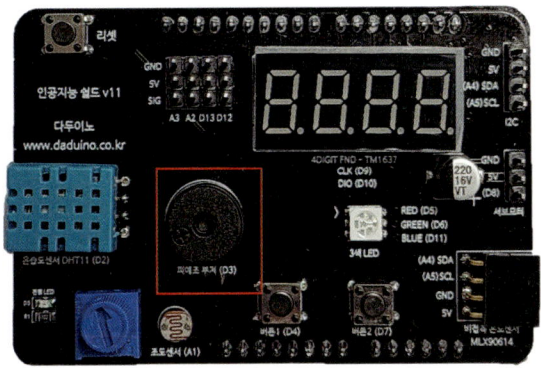

실습하기

 아두이노에서 피에조부저는 D3번 핀에 연결되어 있습니다.
피에조부저를 이용해서 도레미파솔라시 음을 출력하는 코드를 작성해주세요.

 아래는 아두이노에서 D3번 핀에 연결된 피에조 부저를 이용해 도레미파솔라시 음계를 출력하는 코드입니다.

3-4-1.ino
```
void setup(){
  pinMode(3, OUTPUT); // D3번 핀을 출력으로 설정
}

void loop(){
  // 도
  tone(3, 261, 1000);
  delay(1000);
  // 레
  tone(3, 293, 1000);
  delay(1000);
  // 미
  tone(3, 329, 1000);
  delay(1000);
  // 파
  tone(3, 349, 1000);
  delay(1000);
  // 솔
  tone(3, 392, 1000);
  delay(1000);
  // 라
  tone(3, 440, 1000);
  delay(1000);
  // 시
  tone(3, 494, 1000);
  delay(1000);
}
//3-4-1
```

위 코드에서 tone(3, 주파수, 지속시간) 함수는 D3번 핀에 연결된 피에조 부저에서 주파수와 지속시간에 해당하는 음을 출력합니다. 주파수는 음계에 해당하는 값으로, 음계별 주파수 값은 악보나 인터넷 검색을 통해 확인할 수 있습니다. 지속시간은 밀리초 단위로 설정하며, 각 음을 출력한 후에는 delay() 함수를 이용해 1초 동안 대기합니다.

결과확인

[▶ 업로드] 버튼을 눌러 코드를 업로드합니다.

도레미파솔라시 의 음계를 출력합니다.

 아두이노에서 피에조부저는 D3번 핀에 연결되어 있습니다.
피에조부저를 이용해서 4옥타브로 "솔솔라라솔솔미솔솔미미레솔솔라라솔솔미솔미레미도"를 출력하는 코드를 작성해주세요.

 아래는 아두이노에서 D3번 핀에 연결된 피에조 부저를 이용해 "솔솔라라솔솔미솔솔미미레솔솔라라솔솔미솔미레미도"를 4옥타브로 출력하는 코드입니다.

3-4-2.ino

```
void setup(){
  pinMode(3, OUTPUT); // D3번 핀을 출력으로 설정
}

void loop(){
  // 솔
  tone(3, 784, 500);
  delay(500);
  tone(3, 784, 500);
  delay(500);
  // 라
  tone(3, 880, 500);
  delay(500);
  tone(3, 880, 500);
  delay(500);
  // 솔
  tone(3, 784, 500);
  delay(500);
  tone(3, 784, 500);
  delay(500);
  // 미
  tone(3, 659, 500);
  delay(500);
  // 솔
  tone(3, 784, 500);
  delay(500);
  tone(3, 784, 500);
  delay(500);
  // 미
  tone(3, 659, 500);
  delay(500);
  // 미
```

```
    // 미
    tone(3, 659, 500);
    delay(500);
    // 레
    tone(3, 587, 500);
    delay(500);
    // 솔
    tone(3, 784, 500);
    delay(500);
    tone(3, 784, 500);
    delay(500);
    // 라
    tone(3, 880, 500);
    delay(500);
    tone(3, 880, 500);
    delay(500);
    // 솔
    tone(3, 784, 500);
    delay(500);
    tone(3, 784, 500);
    delay(500);
    // 미
    tone(3, 659, 500);
    delay(500);
    // 솔
    tone(3, 784, 500);
    delay(500);
    tone(3, 784, 500);
    delay(500);
    // 미
    tone(3, 659, 500);
    delay(500);
    // 레
    tone(3, 587, 500);
    delay(500);
    // 미
    tone(3, 659, 500);
    delay(500);
    // 도
    tone(3, 523, 1000);
    delay(1000);
}
//3-4-2
```

위 코드에서 각 음계에 해당하는 주파수 값은 악보나 인터넷 검색을 통해 확인할 수 있습니다. 각 음계는 tone(3, 주파수, 지속시간) 함수를 이용해 출력하며, 4옥타브에 해당하는 음계 값을 사용합니다. 각 음계 출력 후에는 delay() 함수를 이용해 0.5초 동안 대기합니다. "도"의 경우 지속시간이 1초로 설정됩니다.

결과확인

[▶ 업로드] 버튼을 눌러 코드를 업로드합니다.
솔솔라라솔솔미솔미미레솔솔라라솔솔미솔미레미도 의 음계가 출력되었습니다.

 아두이노에서 피에조부저는 D3번 핀에 연결되어 있습니다.
피에조부저를 이용해서 4옥타브로 "솔솔라라솔솔미솔미미레솔솔라라솔솔미솔미레미도"를 출력하는 코드를 작성해주세요.
배열과 for문을 사용해서 코드의 길이를 짧게 작성해주세요.

 아래는 아두이노에서 D3번 핀에 연결된 피에조 부저를 이용해 "솔솔라라솔솔미솔미미레솔솔라라솔솔미솔미레미도"를 4옥타브로 출력하는 코드입니다. 이 코드는 배열과 for문을 이용하여 길이를 짧게 작성되었습니다.

3-4-3.ino
```
int notes[] = {
    784, 880, 784, 659,
    784, 659, 659, 587,
    784, 880, 784, 659,
    784, 659, 587, 659, 523
};

int durations[] = {
    500, 500, 500, 500,
    500, 500, 500, 500,
    500, 500, 500, 500,
    500, 500, 500, 500, 1000
};

void setup(){
    pinMode(3, OUTPUT); // D3번 핀을 출력으로 설정
}

void loop(){
    for (int i = 0; i < 17; i++){
        tone(3, notes[i], durations[i]);
        delay(durations[i]);
    }
}
//3-4-3
```

위 코드에서 notes 배열은 각 음계에 해당하는 주파수 값을, durations 배열은 각 음계의 지속시간을 밀리 초 단위로 저장합니다. for문을 이용하여 각 음계를 순차적으로 출력하며, tone(3, 주파수, 지속시간) 함수를 이용해 음계를 출력합니다. 각 음계 출력 후에는 delay() 함수를 이용해 음계의 지속시간만큼 대기합니다. for문에서 i의 범위는 0부터 16까지로 설정되어 있으므로, 총 17개의 음계를 출력합니다.

결과확인

[➡ 업로드] 버튼을 눌러 코드를 업로드합니다.
음계가 출력되었습니다. 음계는 정확하게 이해하지 못한 것으로 보입니다. 음을 출력하는 notes[] 배열과 음의 지속시간을 결정하는 durations[] 배열의 값을 수정하여 사용합니다.

 배열에 대해서 간단하게 설명해주세요.

 배열(Array)은 프로그래밍에서 여러 개의 값을 하나의 변수에 저장할 때 사용하는 데이터 구조입니다. 배열은 동일한 데이터 타입의 값을 연속된 메모리 공간에 저장하며, 각 값은 인덱스(index)라 불리는 순서에 따라 구분됩니다.

예를 들어, 정수형 배열을 생성하고 10개의 정수를 저장하는 경우, 다음과 같이 작성할 수 있습니다.

```
int numbers[10] = {1, 2, 3, 4, 5, 6, 7, 8, 9, 10};
```

위 코드에서 int는 배열에 저장될 데이터 타입을 나타내며, numbers는 배열의 이름을 나타냅니다. [10]은 배열의 크기를 나타내며, 10개의 정수 값을 저장한다는 뜻입니다. 배열의 각 값은 인덱스에 따라 접근할 수 있으며, 인덱스는 0부터 시작합니다. 예를 들어, 첫 번째 값은 numbers[0], 두 번째 값은 numbers[1]입니다.

배열을 사용하면 동일한 타입의 데이터를 일괄 처리할 수 있으며, loop나 반복문을 사용하여 간단하게 데이터를 처리할 수 있습니다. 이러한 특징으로 인해 배열은 데이터를 보다 쉽고 간결하게 처리할 수 있도록 도와주는 중요한 데이터 구조입니다.

for 반복문에 대해서 설명해주세요.

 for 반복문은 프로그래밍에서 반복적인 작업을 수행할 때 사용되는 제어문 중 하나입니다. for 반복문은 주로 배열, 리스트 등과 같은 데이터 구조에서 데이터를 반복적으로 처리하는 데 사용됩니다.

for 반복문은 일반적으로 다음과 같은 형식으로 작성됩니다.

```
for (초기화; 조건; 증감){
   // 반복적으로 수행할 코드
}
```

초기화는 반복문이 시작되기 전에 한 번만 실행되는 부분으로, 반복 변수를 초기화하거나 다른 변수를 초기화하는 데 사용됩니다. 조건은 반복문이 계속 실행될지 여부를 결정하는 부분으로, 조건이 참일 때 반복문이 계속 실행됩니다. 증감은 반복문이 실행된 후에 반복 변수를 증가시키거나 감소시키는 부분으로, 다음 반복문이 실행되기 전에 한 번 실행됩니다.

for 반복문은 조건이 참인 동안 코드 블록을 반복적으로 실행하며, 조건이 거짓이 되면 반복문이 종료됩니다. 코드 블록은 중괄호로 묶인 부분으로, 반복적으로 실행할 코드를 작성합니다.

for 반복문은 다양한 조건에 따라 실행되며, 반복 변수의 초기화, 증감, 조건 등을 조합하여 다양한 형태로 사용됩니다. 예를 들어, for 반복문 안에서 다른 반복문을 사용하여 중첩 반복을 수행하거나, 배열의 요소를 반복적으로 처리할 수 있습니다.

CHAPTER 04

시리얼 통신

시리얼 통신의 개념
아두이노에서 시리얼 통신을 사용하는 방법
시리얼 통신을 이용한 데이터전송 및 RGB LED 제어하기

01 시리얼 통신의 개념

아두이노(Arduino)는 시리얼 통신(Serial communication)을 사용하여 다른 장치 또는 컴퓨터와 통신할 수 있습니다. 시리얼 통신은 비동기식 통신으로, 전송되는 데이터의 비트들이 일정한 속도로 연속적으로 전송되며, 수신자가 데이터의 시작과 끝을 알리는 구분 기호를 사용합니다.

아두이노의 시리얼 통신은 일반적으로 USB 연결을 통해 컴퓨터와 통신합니다. USB 시리얼 통신은 컴퓨터의 USB 포트를 통해 데이터를 송수신하는 것으로, USB-시리얼 변환기 칩(USB-Serial converter chip)를 사용하여 구현됩니다.

아두이노에서 시리얼 통신을 사용하기 위해서는 먼저 Serial 라이브러리를 불러와야 합니다. 그리고 Serial.begin() 함수를 사용하여 전송 속도를 설정하고, Serial.print() 또는 Serial.write() 함수를 사용하여 데이터를 전송할 수 있습니다. 이외에도 Serial.read() 함수를 사용하여 시리얼 포트에서 수신된 데이터를 읽을 수 있습니다.

시리얼 통신을 사용하면 아두이노와 다른 장치 또는 컴퓨터 간에 데이터를 주고받을 수 있습니다. 예를 들어, 아두이노로부터 센서 데이터를 컴퓨터로 전송하거나, 컴퓨터에서 아두이노로 제어 명령을 전송할 수 있습니다. 이를 이용하여 다양한 응용 프로그램을 개발할 수 있습니다.

시리얼 통신(Serial communication)은 데이터를 비트 단위로 전송하는 통신 방식입니다. 시리얼 통신에서는 데이터를 전송하기 전에 비트를 일정한 속도로 나열하여 전송할 데이터를 표현합니다. 이 때, 속도는 보통 "비트 전송 속도" 또는 "보레이트(baud rate)"라고 부릅니다.

시리얼 통신에서는 비트를 전송할 때 일정한 패턴을 사용하여 시작 비트와 종료 비트를 나타내며, 데이터 비트는 이 사이에 전송됩니다. 시작 비트는 수신자에게 데이터 전송이 시작되는 것을 알리는 신호로, 일반적으로 1비트의 로우(LOW) 신호입니다. 데이터 비트는 전송하려는 데이터의 비트들을 나타내며, 보통 8비트가 사용됩니다. 종료 비트는 데이터 전송이 끝났음을 알리는 신호로, 일반적으로 1비트의 하이(HIGH) 신호입니다.

시리얼 통신은 두 개 이상의 장치 간에 데이터를 주고받을 때 사용할 수 있습니다. 데이터를 송신하는 측에서는 전송할 데이터를 비트 단위로 분해하여 전송하고, 수신하는 측에서는 비트들을 다시 조합하여 원래의 데이터를 복원합니다.

아두이노(Arduino)에서는 일반적으로 USB 시리얼 통신을 사용하여 컴퓨터와 통신합니다. USB 시리얼 통신에서는 아두이노의 USB-시리얼 변환기 칩이 데이터를 송수신하며, 이 칩은 USB에서 수신된 데이터를 시리얼 데이터로 변환하여 아두이노 보드로 전송하고, 반대로 아두이노에서 시리얼 데이터를 수신하여 USB 데이터로 변환하여 컴퓨터로 전송합니다.

02 아두이노에서 시리얼 통신을 사용하는 방법

아두이노(Arduino)에서 시리얼 통신을 사용하려면 먼저 Serial 라이브러리를 사용하여 아두이노와 시리얼 통신을 설정해야 합니다. 아래는 Serial 라이브러리를 사용하여 시리얼 통신을 설정하는 예제 코드입니다.

```
void setup(){
  // Serial 통신 시작
  Serial.begin(9600);
}

void loop(){
  // 데이터 전송
  Serial.print("Hello, world!");
  delay(1000);
}
```

위 코드에서 setup() 함수에서는 Serial.begin() 함수를 사용하여 시리얼 통신 속도를 설정합니다. 여기에서는 보레이트(baud rate)를 9600으로 설정하였습니다. loop() 함수에서는 Serial.print() 함수를 사용하여 "Hello, world!"라는 문자열을 시리얼 포트로 전송하고, 1초 동안 대기합니다.

시리얼 통신을 사용하여 데이터를 수신하는 예제 코드는 다음과 같습니다.

```
void setup(){
  // Serial 통신 시작
  Serial.begin(9600);
}

void loop(){
  // 데이터 수신
if (Serial.available() >0){
    char data =Serial.read();
    Serial.print("수신한 데이터: ");
    Serial.println(data);
  }
}
```

위 코드에서 loop() 함수에서는 Serial.available() 함수를 사용하여 시리얼 포트로부터 수신된 데이터가 있는지 확인하고, Serial.read() 함수를 사용하여 수신된 데이터를 읽어옵니다. 이후, Serial.print() 함수를 사용하여 "수신한 데이터: "라는 문자열을 출력하고, Serial.println() 함수를 사용하여 수신된 데이터를 출력합니다.

시리얼 통신을 사용하여 데이터를 주고받으려면 송신 측과 수신 측 모두 동일한 보레이트로 설정해야 하며, 데이터를 전송할 때 시작 비트와 종료 비트를 포함하여 데이터를 올바르게 구성해야 합니다. 이를 위해서는 Serial.write() 함수를 사용하여 바이트 단위로 데이터를 전송하는 것이 권장됩니다.

03 시리얼 통신을 이용한 데이터전송 및 RGB LED제어하기

사용부품

아래의 부품을 준비합니다.

부품명	수량
RGB LED모듈	1개
수-수 점퍼케이블	5개

회로연결

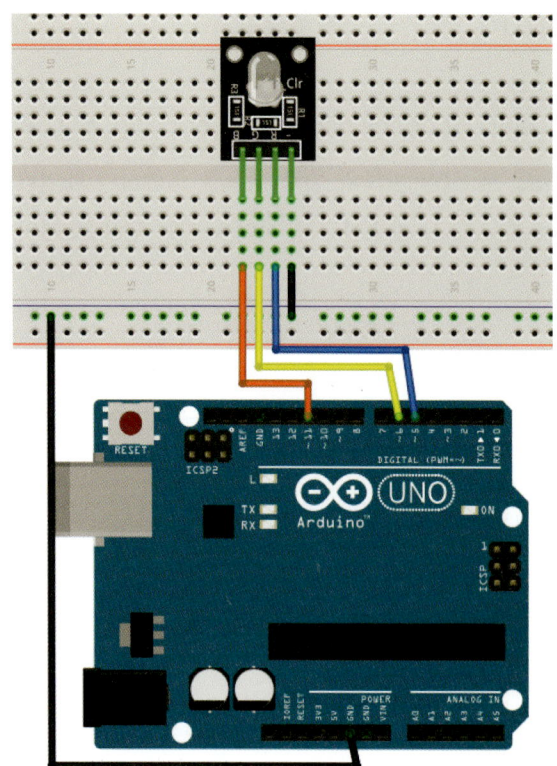

※ RGB LED모듈의 경우 제조사나 제조시점에 따라서 핀의 번호가 다를 수 있으니 RGB LED모듈의 표시된 내용으로 연결합니다.

아래의 표를 참고하여 RGB LED와 아두이노를 연결합니다.

부품	아두이노
RGB LED모듈의 R	D5
RGB LED모듈의 G	D6
RGB LED모듈의 B	D11
RGB LED모듈의 –	GND

인공지능 쉴드에서는 RGB LED가 다음의 위치에 구성되어 있습니다.

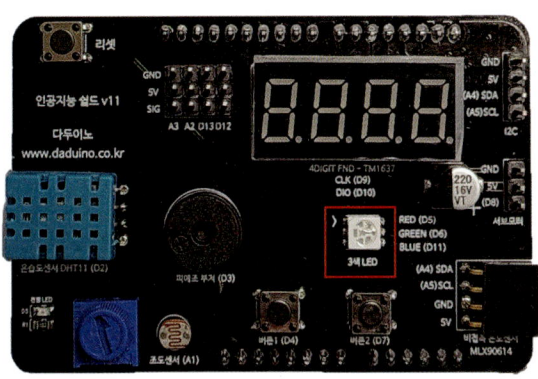

실습하기

 아두이노의 시리얼통신을 이용해서 1초마다 hello를 전송하는 코드를 작성해주세요.

 아래는 아두이노에서 시리얼 통신을 이용하여 1초마다 "Hello"를 전송하는 코드입니다. 이 코드를 실행하기 전에, 아두이노와 컴퓨터를 USB 케이블로 연결하고, 시리얼 모니터를 열어서 전송된 데이터를 확인할 수 있도록 준비해야 합니다.

4-3-1.ino
```
void setup(){
  Serial.begin(9600); // 시리얼 통신 속도 설정
}

void loop(){
  Serial.println("Hello"); // "Hello" 전송
  delay(1000); // 1초 대기
}
//4-3-1
```

위 코드에서, setup() 함수에서는 Serial.begin() 함수를 사용하여 시리얼 통신 속도를 9600으로 설정합니다. 이후, loop() 함수에서는 Serial.println() 함수를 사용하여 "Hello" 문자열을 시리얼 포

트로 전송하며, delay() 함수를 사용하여 1초 동안 대기합니다. 따라서 이 코드를 실행하면 1초마다 "Hello" 문자열이 시리얼 포트로 전송되며, 시리얼 모니터에서 전송된 데이터를 확인할 수 있습니다.

결과확인

[업로드] 버튼을 눌러 코드를 업로드 한 다음 [시리얼 모니터]를 열어 값을 확인합니다. 시리얼 모니터에 hello가 1초마다 출력되었습니다.

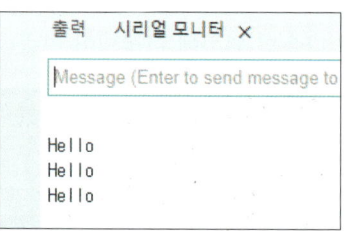

아두이노의 시리얼통신을 이용해서 1초마다 hello를 전송하는 코드를 작성해주세요.
통신속도는 115200으로 설정해주세요.

아래는 아두이노에서 시리얼 통신을 이용하여 1초마다 "Hello"를 전송하고, 통신속도를 115200으로 설정하는 코드입니다.

4-3-2.ino
```
void setup(){
  Serial.begin(115200); // 시리얼 통신 속도 설정
}

void loop(){
  Serial.println("Hello"); // "Hello" 전송
  delay(1000); // 1초 대기
}
//4-3-2
```

위 코드에서, setup() 함수에서는 Serial.begin() 함수를 사용하여 시리얼 통신 속도를 115200으로 설정합니다. 이후, loop() 함수에서는 Serial.println() 함수를 사용하여 "Hello" 문자열을 시리얼 포트로 전송하며, delay() 함수를 사용하여 1초 동안 대기합니다. 따라서 이 코드를 실행하면 1초마다 "Hello" 문자열이 시리얼 포트로 전송되며, 시리얼 모니터에서 전송된 데이터를 확인할 수 있습니다.

결과확인

[➡ 업로드] 버튼을 눌러 코드를 업로드 한 다음 [🔍 시리얼 모니터]를 열어 값을 확인합니다.
정상적인 값이 수신되지 않았습니다.

수신 통신속도를 115200으로 변경 후 정상적으로 데이터가 수신되었습니다.

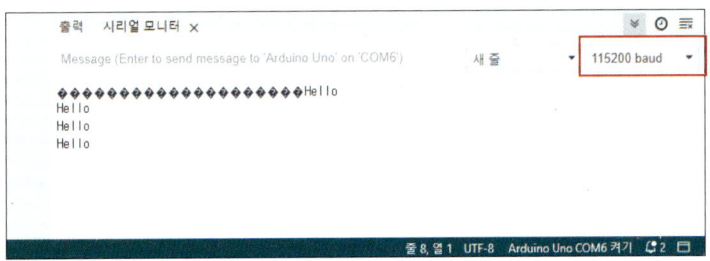

 시리얼통신에서 통신속도는 무엇을 의미하나요?

 시리얼 통신에서 통신속도는 데이터를 전송하는 비트(Bit)의 속도를 말합니다. 이를 일반적으로 "보레이트(baud rate)"라고 부르며, 초당 전송되는 비트 수를 나타냅니다.

예를 들어, 9600 보레이트의 경우 초당 9600개의 비트를 전송할 수 있으며, 115200 보레이트의 경우 초당 115200개의 비트를 전송할 수 있습니다. 보통 아두이노에서는 9600, 115200 등의 표준적인 보레이트를 사용합니다.

통신속도가 높을수록 데이터를 전송하는 속도가 빨라지므로, 더 많은 데이터를 짧은 시간 내에 전송할 수 있습니다. 그러나 높은 보레이트에서는 노이즈나 에러가 발생할 가능성이 높아질 수 있으므로, 안정적인 통신을 위해서는 적절한 보레이트를 선택해야 합니다.

 아두이노의 시리얼통신을 이용해서 'a'을 입력받으면 'a ok'를 응답하고, 'b'를 입력받으면 'b ok'를 응답하는 코드를 작성해주세요. 통신속도는 9600으로 설정합니다.

 아래는 아두이노에서 시리얼 통신을 이용하여 'a'을 입력받으면 'a ok'를 응답하고, 'b'를 입력받으면 'b ok'를 응답하는 코드입니다. 이 코드를 실행하기 전에, 아두이노와 컴퓨터를 USB 케이블로 연결하고, 시리얼 모니터를 열어서 입력된 데이터와 응답 결과를 확인할 수 있도록 준비해야 합니다.

4-3-3.ino

```
void setup(){
  Serial.begin(9600); // 시리얼 통신 속도 설정
}

void loop(){
  if (Serial.available() > 0){
    char input = Serial.read(); // 입력된 문자 읽기
    if (input == 'a'){
      Serial.println("a ok"); // 'a'에 대한 응답
    }
    else if (input == 'b'){
      Serial.println("b ok"); // 'b'에 대한 응답
    }
  }
}
//4-3-3
```

위 코드에서, loop() 함수에서는 Serial.available() 함수를 사용하여 시리얼 포트로부터 입력된 데이터가 있는지 확인합니다. 입력된 데이터가 있을 경우 Serial.read() 함수를 사용하여 입력된 문자를 읽어옵니다. 그리고, 읽어온 문자가 'a'인 경우 "a ok"를, 'b'인 경우 "b ok"를 시리얼 포트로 전송합니다.

따라서 이 코드를 실행하면, 시리얼 모니터에서 'a' 또는 'b'를 입력하면 해당하는 응답 메시지가 출력됩니다. 예를 들어, 'a'를 입력하면 "a ok"가, 'b'를 입력하면 "b ok"가 시리얼 모니터에 출력됩니다.

결과확인

[업로드] 버튼을 눌러 코드를 업로드 한 다음 [시리얼 모니터]를 열어 값을 확인합니다.
a를 입력 후 Enter , b를 입력 후 Enter 로 a와 b를 전송하였을 때 a ok , b ok의 응답이 왔습니다. 통신속도는 9600으로 설정합니다.

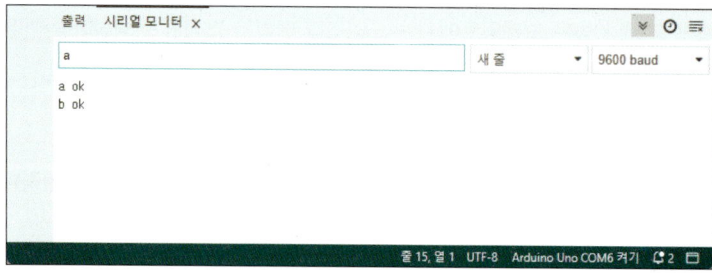

if 조건문에 대해서 설명해주세요.

 if 조건문은 프로그램에서 조건에 따라 다른 동작을 수행할 수 있도록 하는 제어문입니다. if 조건문은 주어진 조건식이 참(True)이면, 해당 조건식이 포함된 블록 안에 있는 코드를 실행합니다. 조건식이 거짓(False)이면, 해당 블록의 코드를 실행하지 않고 다음 코드로 넘어갑니다.

if 조건문의 기본적인 구조는 다음과 같습니다.

```
if (조건식){
  // 참인 경우 실행할 코드
}
```

여기에서, 조건식은 참 또는 거짓을 판단할 수 있는 식(expression)이며, 중괄호({ })로 묶인 코드 블록은 조건식이 참일 경우 실행될 코드입니다. 코드 블록 안에는 하나 이상의 실행문(statement)이 포함될 수 있습니다.

if 조건문은 조건식이 참일 경우에만 실행되기 때문에, 조건식이 거짓일 때 처리해야 할 코드가 있는 경우 else 구문을 사용하여 처리할 수 있습니다. else 구문은 if 조건문이 거짓일 때 실행할 코드를 지정하는 블록입니다. else 구문은 다음과 같은 구조를 갖습니다.

```
if (조건식){
  // 참인 경우 실행할 코드
}
else {
  // 거짓인 경우 실행할 코드
}
```

여기에서, 조건식이 참이면 if 블록이 실행되고, 조건식이 거짓이면 else 블록이 실행됩니다.

if 조건문은 중첩하여 사용할 수 있습니다. 이 경우, 여러 조건을 동시에 판단할 수 있습니다. 중첩 if 조건문은 다음과 같은 구조를 갖습니다.

```
if (조건식1){
  if (조건식2){
    // 조건식1과 조건식2가 모두 참일 때 실행할 코드
  }
}
```

여기에서, 조건식1과 조건식2가 모두 참일 때, 중첩된 if 블록이 실행됩니다.

아두이노에서 빨간색 LED는 D5번 핀, 녹색 LED는 D6번, 파란색 LED는 D11번 핀에 연결되어 있습니다. 시리얼통신을 이용해서 'r'을 입력받으면 빨간색 LED만 켜지고, 'g'를 입력받으면 녹색 LED만 켜지고, 'b'를 입력받으면 파란색 LED만 켜지는 코드를 작성해주세요. 시리얼통신의 통신속도는 9600입니다.

아래는 아두이노에서 시리얼 통신을 이용하여 'r'을 입력받으면 빨간색 LED만 켜지고, 'g'를 입력받으면 녹색 LED만 켜지고, 'b'를 입력받으면 파란색 LED만 켜지는 코드입니다. 이 코드를 실행하기 전에, 빨간색 LED는 D5번 핀, 녹색 LED는 D6번 핀, 파란색 LED는 D11번 핀에 연결되어 있다고 가정합니다.

4-3-4.ino

```cpp
const int redPin = 5; // 빨간색 LED 연결 핀
const int greenPin = 6; // 녹색 LED 연결 핀
const int bluePin = 11; // 파란색 LED 연결 핀

void setup(){
  Serial.begin(9600); // 시리얼 통신 속도 설정

  pinMode(redPin, OUTPUT); // 빨간색 LED 핀을 출력 모드로 설정
  pinMode(greenPin, OUTPUT); // 녹색 LED 핀을 출력 모드로 설정
  pinMode(bluePin, OUTPUT); // 파란색 LED 핀을 출력 모드로 설정
}

void loop(){
if (Serial.available() > 0){
    char input = Serial.read(); // 입력된 문자 읽기

    if (input == 'r'){
      digitalWrite(redPin, HIGH); // 빨간색 LED 켜기
      digitalWrite(greenPin, LOW); // 녹색 LED 끄기
      digitalWrite(bluePin, LOW); // 파란색 LED 끄기
    }
    else if (input == 'g'){
      digitalWrite(redPin, LOW); // 빨간색 LED 끄기
      digitalWrite(greenPin, HIGH); // 녹색 LED 켜기
      digitalWrite(bluePin, LOW); // 파란색 LED 끄기
    }
    else if (input == 'b'){
      digitalWrite(redPin, LOW); // 빨간색 LED 끄기
      digitalWrite(greenPin, LOW); // 녹색 LED 끄기
      digitalWrite(bluePin, HIGH); // 파란색 LED 켜기
    }
}
}
//4-3-4
```

위 코드에서, setup() 함수에서는 빨간색 LED, 녹색 LED, 파란색 LED에 대한 출력 핀을 설정하고, Serial.begin() 함수를 사용하여 시리얼 통신 속도를 설정합니다.

loop() 함수에서는 Serial.available() 함수를 사용하여 시리얼 포트로부터 입력된 데이터가 있는지 확인합니다. 입력된 데이터가 있을 경우 Serial.read() 함수를 사용하여 입력된 문자를 읽어옵니다. 이후, 입력된 문자가 'r'인 경우 빨간색 LED만 켜지도록 digitalWrite() 함수를 사용하여 출력 핀을 제어하고, 'g'인 경우 녹색 LED만 켜지도록, 'b'인 경우 파란색 LED만 켜지도록 제어합니다.

따라서 이 코드를 실행하면, 시리얼 모니터에서 'r', 'g', 'b' 중 하나를 입력하면 해당하는 LED만 켜지게 됩니다. 예를 들어, 'r'을 입력하면 빨간색 LED가 켜지며, 'g'를 입력하면 녹색 LED가 켜지며, 'b'를 입력하면 파란색 LED가 켜집니다. 같은 방식으로 여러 가지 색상을 표현할 수도 있습니다. 이와 같이 시리얼 통신과 함께 LED를 제어하면 다양한 인터랙티브한 프로그램을 구현할 수 있습니다.

결과확인

[➡ 업로드] 버튼을 눌러 코드를 업로드 한 다음 [🔍 시리얼 모니터]를 열어 값을 확인합니다.
시리얼통신으로 r,g,b를 각각 입력하여 RGB LED의 색상을 제어합니다.

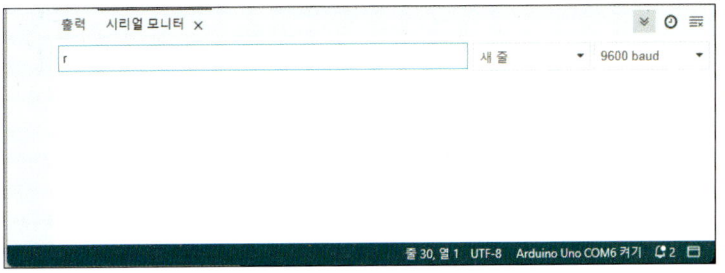

 아두이노에서 빨간색 LED는 D5번 핀, 녹색 LED는 D6번, 파란색 LED는 D11번 핀에 연결되어 있습니다. 시리얼통신을 이용해서 'red'의 글자가 포함되면 빨간색 LED만 켜지고, 'green"의 글자가 포함되면 녹색 LED만 켜지고, 'blue'의 글자가 포함되면 파란색 LED만 켜지는 코드를 작성해주세요.
글자를 입력할 때 종료문자는 새 줄이고, 시리얼통신의 통신속도는 9600입니다.

 아래는 아두이노에서 시리얼 통신을 이용하여 'red'의 글자가 포함되면 빨간색 LED만 켜지고, 'green'의 글자가 포함되면 녹색 LED만 켜지고, 'blue'의 글자가 포함되면 파란색 LED만 켜지는 코드입니다. 이 코드를 실행하기 전에, 빨간색 LED는 D5번 핀, 녹색 LED는 D6번 핀, 파란색 LED는 D11번 핀에 연결되어 있다고 가정합니다.

4-3-5.ino

```
const int redPin = 5; // 빨간색 LED 연결 핀
const int greenPin = 6; // 녹색 LED 연결 핀
const int bluePin = 11; // 파란색 LED 연결 핀

void setup(){
  Serial.begin(9600); // 시리얼 통신 속도 설정

  pinMode(redPin, OUTPUT); // 빨간색 LED 핀을 출력 모드로 설정
  pinMode(greenPin, OUTPUT); // 녹색 LED 핀을 출력 모드로 설정
  pinMode(bluePin, OUTPUT); // 파란색 LED 핀을 출력 모드로 설정
}

void loop(){

if (Serial.available() > 0){
    // 입력된 문자열 읽기
    String inputString = Serial.readStringUntil('\n');

    if (inputString.indexOf("red") >= 0){
      digitalWrite(redPin, HIGH);  // 빨간색 LED 켜기
      digitalWrite(greenPin, LOW); // 녹색 LED 끄기
      digitalWrite(bluePin, LOW);  // 파란색 LED 끄기
    }
    else if (inputString.indexOf("green") >= 0){
      digitalWrite(redPin, LOW);    // 빨간색 LED 끄기
      digitalWrite(greenPin, HIGH); // 녹색 LED 켜기
      digitalWrite(bluePin, LOW);   // 파란색 LED 끄기
    }
    else if (inputString.indexOf("blue") >= 0){
      digitalWrite(redPin, LOW);    // 빨간색 LED 끄기
      digitalWrite(greenPin, LOW);  // 녹색 LED 끄기
      digitalWrite(bluePin, HIGH);  // 파란색 LED 켜기
    }
  }
}
//4-3-5
```

위 코드에서, setup() 함수에서는 빨간색 LED, 녹색 LED, 파란색 LED에 대한 출력 핀을 설정하고, Serial.begin() 함수를 사용하여 시리얼 통신 속도를 설정합니다.

loop() 함수에서는 Serial.available() 함수를 사용하여 시리얼 포트로부터 입력된 데이터가 있는지 확인합니다. 입력된 데이터가 있을 경우 Serial.readStringUntil() 함수를 사용하여 새 줄 문자(\n)

가 입력될 때까지 입력된 문자열을 읽어옵니다. 이후, 입력된 문자열이 'red'를 포함하는 경우 빨간색 LED만 켜지도록 digitalWrite() 함수를 사용하여 출력 핀을 제어하고, 'green'을 포함하는 경우 녹색 LED만 켜지도록, 'blue'을 포함하는 경우 파란색 LED만 켜지도록 제어합니다.

이 코드에서는 문자열을 비교하기 위해 String 클래스의 indexOf() 함수를 사용하였습니다. indexOf() 함수는 해당 문자열이 있는 경우 해당 문자열이 시작하는 인덱스 값을 반환하며, 해당 문자열이 없는 경우 -1을 반환합니다. 따라서, 'red'를 포함하는 문자열의 경우 indexOf() 함수가 0 이상의 값을 반환하게 되므로, 이를 조건으로 사용하여 빨간색 LED만 켜지도록 제어합니다.

위 코드에서, readStringUntil() 함수를 사용하여 입력 문자열을 읽어오고, 입력 문자열의 마지막에는 항상 새 줄 문자(₩n)가 포함되어 있습니다. 따라서, readStringUntil() 함수에서는 마지막으로 입력된 문자열 이후에 입력된 새 줄 문자를 제외한 문자열을 반환하게 됩니다. 이후, 이 문자열을 비교하여 LED를 제어하는 것입니다.

결과확인

[업로드] 버튼을 눌러 코드를 업로드 한 다음 [시리얼 모니터]를 열어 값을 확인합니다. red, green, blue를 각각 입력하여 RGB LED를 제어합니다.

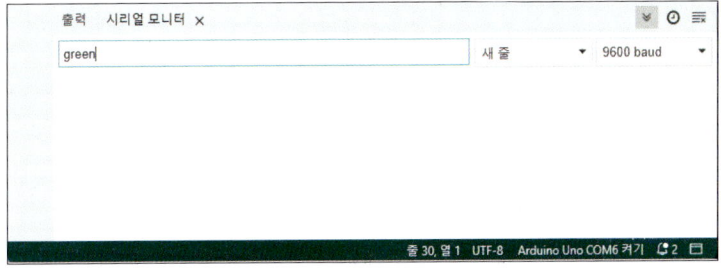

CHAPTER 05

디지털 입력

디지털 입력의 개념
아두이노에서 디지털 입력을 사용하는 방법
디지털 입력을 이용한 버튼 입력 처리하기

01 디지털 입력의 개념

아두이노에서 디지털 입력은 디지털 신호가 외부에서 아두이노 보드에 입력되는 것을 의미합니다. 디지털 입력은 주로 센서, 버튼, 스위치와 같은 디지털 장치에서 생성되며, 이러한 디지털 신호는 아두이노 보드의 디지털 핀을 통해 입력됩니다.

아두이노의 디지털 핀은 HIGH(높은 전압) 또는 LOW(낮은 전압)의 두 가지 상태 중 하나를 나타냅니다. 디지털 입력은 이러한 상태를 감지하고 이에 따라 제어 프로그램의 동작을 결정할 수 있습니다. 예를 들어, 버튼이 눌렸을 때 HIGH 신호가 입력되고, 버튼이 눌리지 않았을 때 LOW 신호가 입력됩니다.

아두이노에서 디지털 입력을 사용하려면, 먼저 입력을 받을 핀을 정의하고, 이를 사용 가능한 입력 핀으로 설정해야 합니다. 이후 입력 신호를 감지하는 코드를 작성하여, 이를 이용하여 특정 동작을 수행할 수 있습니다. 이러한 코드는 보통 if 문이나 switch 문과 같은 제어문과 함께 사용됩니다.

디지털 입력은 아두이노에서 매우 중요한 역할을 합니다. 아두이노는 센서, 버튼, 스위치 등과 같은 디지털 장치와 상호작용하고, 이러한 입력을 기반으로 사용자가 프로그램을 제어할 수 있습니다.

02 아두이노에서 디지털 입력을 사용하는 방법

아두이노에서 디지털 입력을 사용하는 방법은 다음과 같습니다.

디지털 입력용 핀 선택

먼저, 디지털 입력을 받을 핀을 선택해야 합니다. 아두이노 보드의 디지털 핀은 총 14개가 있으며, 이 중 입력용으로 사용할 수 있는 핀은 2부터 13까지(❶)입니다. 이 중 원하는 핀을 선택하여 사용할 수 있습니다.

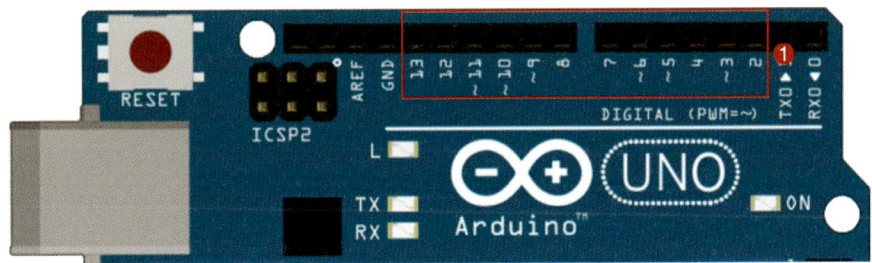

디지털 입력 핀 설정

선택한 디지털 입력 핀을 입력 모드로 설정해야 합니다. 아두이노 코드에서는 pinMode() 함수를 사용하여 핀 모드를 설정합니다. 다음과 같은 코드를 사용하여 디지털 핀 2를 입력 모드로 설정할 수 있습니다.

```
void setup(){
  pinMode(2, INPUT);
}
```

디지털 입력 읽기

디지털 입력 핀이 입력 신호를 받으면, 이를 읽어와서 처리할 수 있습니다. 아두이노 코드에서는

digitalRead() 함수를 사용하여 디지털 입력 핀의 값을 읽어옵니다. digitalRead() 함수는 핀에 입력된 신호가 HIGH(높은 전압)인지 LOW(낮은 전압)인지를 반환합니다. 다음과 같은 코드를 사용하여 디지털 핀 2의 값을 읽어올 수 있습니다.

```
void loop(){
  int value =digitalRead(2);
  if (value == HIGH){
    // 디지털 핀 2에 HIGH 신호가 입력된 경우
  }else {
    // 디지털 핀 2에 LOW 신호가 입력된 경우
  }
}
```

디지털 입력값 처리

digitalRead() 함수를 사용하여 디지털 입력 핀의 값을 읽어온 후, 이를 처리하여 원하는 작업을 수행할 수 있습니다. 예를 들어, 버튼이 눌렸을 때 특정 동작을 수행하거나, 센서가 일정한 임계치를 초과하면 경고를 발생시키는 등의 작업을 수행할 수 있습니다.

위의 코드는 디지털 입력 핀의 값을 읽어서 if 문을 사용하여 HIGH 또는 LOW 값을 비교하고, 이에 따라 필요한 작업을 수행합니다.

풀업 또는 풀다운 저항 사용

디지털 입력을 사용할 때, 입력 신호가 정확하게 감지되지 않는 경우가 종종 발생합니다. 이러한 문제를 해결하기 위해 풀업 또는 풀다운 저항을 사용할 수 있습니다.

풀업 저항은 핀에 연결된 장치가 입력 신호를 생성하지 않을 때, 핀이 HIGH 상태로 유지되도록 하는 저항입니다. 이를 위해 아두이노 보드의 내부에는 20kΩ의 풀업 저항이 내장되어 있습니다. 따라서, 디지털 입력 핀이 접지(GND)와 연결된 경우, 입력 핀에 대해 1을 읽게 됩니다.

풀다운 저항은 핀에 연결된 장치가 입력 신호를 생성하지 않을 때, 핀이 LOW 상태로 유지되도록 하는 저항입니다. 이를 위해 아두이노 보드의 내부에는 20kΩ의 풀다운 저항이 내장되어 있지 않습니다. 따라서, 디지털 입력 핀이 VCC와 연결된 경우, 입력 핀에 대해 0을 읽게 됩니다.

아두이노에서는 풀업 저항을 사용하기 위해 pinMode() 함수에 INPUT_PULLUP 상수를 전달하여 디지털 핀을 입력 모드로 설정할 수 있습니다. 예를 들어, 디지털 핀 2를 풀업 저항을 사용하여 입력 모드로 설정하려면 다음과 같은 코드를 사용할 수 있습니다.

```
void setup(){
  pinMode(2, INPUT_PULLUP);
}
```

debounce 처리

버튼과 같은 디지털 입력 장치는 짧은 시간 동안 여러 번 눌리거나 떨어질 수 있습니다. 이러한 경우, 입력 신호를 처리하는 코드에서 오동작이 발생할 수 있습니다. 이러한 문제를 해결하기 위해 debounce 처리를 수행할 수 있습니다.

debounce 처리는 입력 신호가 안정화될 때까지 잠시 기다린 후, 안정화된 값으로 입력을 처리하는 것을 의미합니다. 아두이노에서는 debounce 처리를 위해 delay() 함수나 millis() 함수를 사용할 수 있습니다.

예를 들어, 디지털 핀 2에 버튼이 연결되어 있는 경우, 다음과 같은 코드를 사용하여 debounce 처리를 수행할 수 있습니다.

```
int buttonState = LOW;
int lastButtonState = LOW;
unsigned long lastDebounceTime =0;
unsigned long debounceDelay =50;
void setup(){
  pinMode(2, INPUT_PULLUP);
}

void loop(){
int reading =digitalRead(2);
  if (reading != lastButtonState){
    lastDebounceTime = millis();
  }
  if ((millis() - lastDebounceTime) > debounceDelay){
    if (reading != buttonState){
      buttonState = reading;
      if (buttonState == HIGH){
         // 버튼이 눌렸을 때의 동작
      }
    }
  }
  lastButtonState = reading;
}
```

위의 코드에서는 디지털 핀 2의 입력을 안정화하기 위해 50ms의 debounceDelay를 사용합니다. 버튼이 눌린 경우, 디지털 핀 2에 HIGH 신호가 입력되고, debounceDelay 동안 안정화된 값으로 처리됩니다. 이를 이용하여 버튼이 실수로 여러 번 눌리는 경우에도 안정적인 입력 처리를 수행할 수 있습니다.

03 디지털 입력을 이용한 버튼 입력 처리하기

버튼정의

버튼(Button)은 사용자가 눌러서 전기 신호를 생성하는 전기 부품으로, 일반적으로 ON/OFF 상태를 변경하는 데 사용됩니다. 버튼은 간단한 디지털 입력 장치로 사용되며, 이전 상태와 현재 상태를 비교하여 버튼이 눌렸는지 또는 떨어졌는지를 확인하고 제어 프로그램에서 사용됩니다. 예를 들어, 아두이노와 같은 임베디드 시스템에서 버튼은 LED, 모터 등의 다른 장치를 제어하는 데 사용됩니다.

스위치(Switch)는 일반적으로 전기 회로를 여닫는 데 사용되는 전기 부품으로, 일반적으로 ON/OFF 상태를 변경하는 데 사용됩니다. 스위치는 버튼과 유사하지만, 일반적으로 스위치는 더 큰 전류를 처리할 수 있습니다. 스위치는 디지털 입력 장치로 사용될 수도 있지만, 일반적으로는 디지털 출력 장치로 사용됩니다. 예를 들어, 아두이노와 같은 임베디드 시스템에서 스위치는 LED, 모터 등의 다른 장치를 제어하는 데 사용됩니다.

요약하면, 버튼은 일반적으로 작은 전류를 처리하고 디지털 입력 장치로 사용되며, 스위치는 일반적으로 더 큰 전류를 처리하고 디지털 출력 장치로 사용됩니다.

사용부품

아래의 부품을 준비합니다.

부품명	수량
버튼	2개
10K옴 저항(갈빨검검갈)	2개
수-수 점퍼케이블	6개

회로연결

아래의 표를 참고하여 버튼과 아두이노를 연결합니다.

부품	아두이노
버튼1	D4
버튼2	D7

인공지능 쉴드에서는 버튼이 다음의 위치에 구성되어 있습니다.

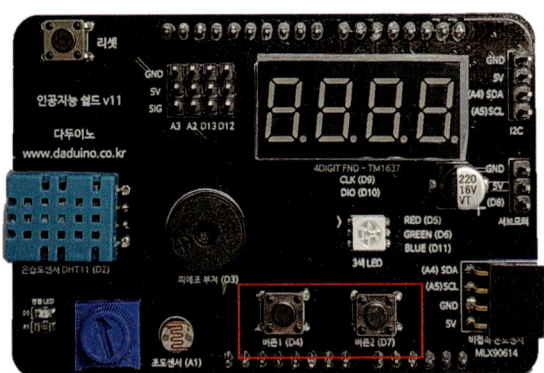

실습하기

아두이노의 D4번 핀에 버튼이 연결되어 있습니다.
버튼을 누르면 시리얼통신으로 "on"을 출력하는 코드를 작성해주세요.
pinMode를 설정할 때 INPUT으로만 설정해주세요.
회로적으로 풀다운 저항이 연결되어 있고, 눌렸을 때 HIGH로 동작합니다.

아래는 D4 핀에 연결된 버튼을 눌렀을 때, "on"을 시리얼 모니터에 출력하는 코드입니다. 입력 핀 모드는 INPUT으로 설정되며, 풀다운 저항을 사용하므로 입력이 HIGH일 때 버튼이 눌려졌다고 판단합니다.

5-3-1.ino

```
void setup(){
  pinMode(4, INPUT);
  Serial.begin(9600);
}

void loop(){
int buttonState = digitalRead(4);

if (buttonState == HIGH){
    Serial.println("on");
    delay(500); // 버튼 디바운싱을 위한 0.5초의 딜레이
  }
}
//5-3-1
```

위 코드에서는 디지털 핀 4를 입력 모드로 설정하고, Serial.begin() 함수를 사용하여 시리얼 통신을 시작합니다. 이후 loop() 함수에서는 digitalRead() 함수를 사용하여 디지털 핀 4의 상태를 읽고, 버튼이 눌렸을 때 "on"을 출력합니다. 버튼 디바운싱을 위해 0.5초의 딜레이를 추가하였습니다.
풀다운 저항을 사용하므로, 버튼이 눌렸을 때 입력 핀의 값은 LOW가 아니라 HIGH입니다. 따라서, if 문에서 버튼이 눌렸는지 확인할 때, 버튼 상태가 LOW가 아닌 HIGH일 때를 체크하도록 작성해야 합니다.

❝ 작가의 한 마디
코드는 맞게 알려주었는데. 설명의 HIGH와 LOW가 바뀌어 올바른 설명이 될 수 있도록 HIGH, LOW는 수정하였습니다.

결과확인

[🔼업로드] 버튼을 눌러 코드를 업로드 한 다음 [🔍시리얼 모니터]를 열어 값을 확인합니다.
4번 핀에 연결된 버튼을 눌러 동작을 확인합니다.

버튼을 누르면 시리얼통신으로 on이 전송되어 표시되었습니다.

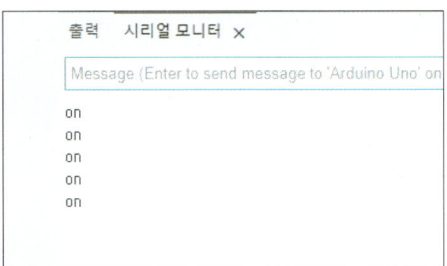

 풀업과 풀다운에 대해서 설명해주세요.

 풀업(Pull-up) 저항과 풀다운(Pull-down) 저항은 전기 회로에서 사용되는 저항 중의 하나입니다. 이들은 보통 입력 핀에서 일정한 전압을 유지하고 잡음을 방지하는 데 사용됩니다.

풀업 저항은 보통 입력 핀을 전원(예: +5V)에 연결하고, 풀다운 저항은 보통 입력 핀을 접지(예: GND)에 연결합니다. 이러한 저항을 사용하면, 입력 핀이 다른 장치와 연결된 경우에도 입력 핀이 안정적으로 유지됩니다.

예를 들어, 버튼이 입력 핀과 연결된 경우, 버튼이 눌리지 않은 상태에서 입력 핀을 접지에 연결하는 경우, 입력 핀에는 일반적으로 LOW(0V)이 입력됩니다. 이 경우, 버튼이 눌리는 경우 입력 핀에는 HIGH(5V)이 입력되므로, 입력 핀에 대한 안정적인 상태를 유지하기 위해 풀업 저항을 사용할 수 있습니다.

반면에, 입력 핀이 다른 장치와 연결된 경우, 잡음이 발생할 수 있습니다. 이러한 경우, 풀업 또는 풀다운 저항을 사용하여 입력 핀에 안정적인 상태를 유지할 수 있습니다. 풀업 또는 풀다운 저항을 사용하면, 잡음에 의해 입력 핀의 값이 변경되는 것을 방지할 수 있으며, 안정적인 입력을 보장할 수 있습니다.

아두이노의 D4번 핀에 버튼이 연결되어 있습니다.
버튼을 누를 때만 시리얼통신으로 "click"을 한번만 출력하는 코드를 작성해주세요. pinMode를 설정할 때 INPUT으로 만 설정해주세요.
회로적으로 풀다운 저항이 연결되어 있고, 눌렸을 때 HIGH로 동작합니다.

아래는 D4 핀에 연결된 버튼을 눌렀을 때, 한 번만 "click"을 시리얼 모니터에 출력하는 코드입니다. 입력 핀 모드는 INPUT으로 설정되며, 풀다운 저항을 사용하므로 입력이 HIGH일 때 버튼이 눌려졌다고 판단합니다.

5-3-2.ino
```arduino
int buttonState = LOW;
int lastButtonState = LOW;

void setup(){
  pinMode(4, INPUT);
  Serial.begin(9600);
}

void loop(){
  int reading = digitalRead(4);

  if (reading != lastButtonState){
     delay(10);
     reading = digitalRead(4);
  }

  if (reading != buttonState){
     buttonState = reading;
     if (buttonState == HIGH){
       Serial.println("click");
     }
  }
  lastButtonState = reading;
}
//5-3-2
```

위 코드에서는 디지털 핀 4를 입력 모드로 설정하고, Serial.begin() 함수를 사용하여 시리얼 통신을 시작합니다. 이후 loop() 함수에서는 digitalRead() 함수를 사용하여 디지털 핀 4의 상태를 읽고, 버튼이 눌렸을 때 "click"을 출력합니다.

버튼이 눌렸을 때만 한 번 출력 되도록 하기 위해서, 버튼의 상태 변화를 감지하는 코드를 추가로 작성합니다. 마지막 버튼의 상태와 현재 버튼의 상태를 비교하여, 상태가 변경되었을 때에만 "click"을 출력하도록 합니다. 버튼 디바운싱을 위해 10ms의 딜레이를 추가하였습니다.

작가의 한 마디

ChatGPT가 코드는 맞게 알려주었는데요. 설명에서 HIGH와 LOW가 바뀌어 올바른 설명이 될 수 있도록 HIGH, LOW는 수정하였습니다.

결과확인

[업로드] 버튼을 눌러 코드를 업로드 한 다음 [시리얼 모니터]를 열어 값을 확인합니다.
D4번 핀에 연결된 버튼1을 누르면 한번만 click 이라는 문자가 출력되었습니다.

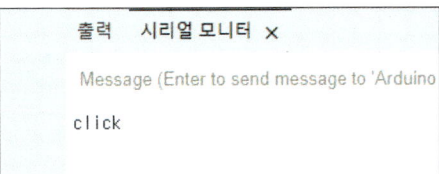

아두이노의 D4번 핀에 버튼이 연결되어 있습니다.
버튼을 누를 때만 시리얼통신으로 "click"을 한 번만 출력하는 코드를 작성해주세요.
pinMode를 설정할 때 INPUT으로 만 설정해주세요.
회로적으로 풀다운 저항이 연결되어 있고, 눌렀을 때 HIGH로 동작해. 버튼이 동작하는 기능은 함수로 작성해주세요.

아래는 D4 핀에 연결된 버튼을 눌렀을 때, 한 번만 "click"을 시리얼 모니터에 출력하는 코드입니다. 입력 핀 모드는 INPUT으로 설정되며, 풀다운 저항을 사용하므로 입력이 HIGH일 때 버튼이 눌려졌다고 판단합니다. 버튼 동작을 함수로 구현하여, 코드를 구조화하였습니다.

5-3-3.ino

```
int buttonState = LOW;
int lastButtonState = LOW;

void setup(){
  pinMode(4, INPUT);
  Serial.begin(9600);
}

void loop(){
if (checkButtonPressed()){
    Serial.println("click");
  }
}

bool checkButtonPressed(){
int reading = digitalRead(4);

  if (reading != lastButtonState){
    delay(10);
```

```
        reading = digitalRead(4);
    }

    if (reading != buttonState){
        buttonState = reading;
        if (buttonState == HIGH){
            lastButtonState = buttonState;
            return true;
        }
    }

    lastButtonState = reading;
    return false;
}
//5-3-3
```

위 코드에서는 디지털 핀 4를 입력 모드로 설정하고, Serial.begin() 함수를 사용하여 시리얼 통신을 시작합니다. 이후 loop() 함수에서는 checkButtonPressed() 함수를 호출하여 버튼이 눌렸는지를 확인하고, 버튼이 눌렸을 경우 "click"을 출력합니다.

checkButtonPressed() 함수에서는 digitalRead() 함수를 사용하여 디지털 핀 4의 상태를 읽고, 버튼이 눌렸는지를 판단합니다. 버튼의 상태 변화를 감지하기 위해서, 마지막 버튼의 상태와 현재 버튼의 상태를 비교하여, 상태가 변경되었을 때에만 true 값을 반환합니다. 버튼 디바운싱을 위해 10ms의 딜레이를 추가하였습니다. 버튼 동작을 함수로 구현하여, 코드의 가독성과 유지보수성을 높였습니다.

결과확인

[업로드] 버튼을 눌러 코드를 업로드 한 다음 [시리얼 모니터]를 열어 값을 확인합니다.
D4번 핀에 연결된 버튼1을 누르면 한번만 click 이라는 문자가 출력되었습니다. 기능을 함수로 만들어 재사용이 쉬워졌습니다.

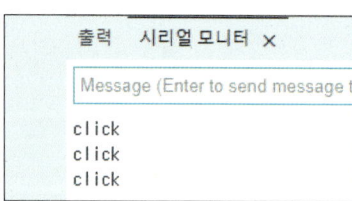

아두이노에서의 함수에 대해서 설명해주세요.

 아두이노에서 함수는 C/C++ 언어의 함수와 유사하게 작동합니다. 함수는 아두이노 스케치에서 재사용 가능한 코드 블록으로, 함수의 이름과 인수를 사용하여 호출할 수 있습니다.

아두이노에서 함수를 사용하면 다음과 같은 이점이 있습니다.

코드를 구조화하고 모듈화하여 가독성을 높일 수 있습니다.
코드를 재사용하여 작업을 간소화할 수 있습니다.
함수의 인수를 사용하여 다양한 값을 전달할 수 있습니다.
함수의 반환 값을 사용하여 결과를 처리할 수 있습니다.

아두이노 스케치에서 함수를 작성하는 방법은 다음과 같습니다.

```
반환형 함수이름(인수1, 인수2, ...) {
  // 함수 몸체
  // 수행할 작업을 포함하는 코드 블록
  // 반환 값이 있는 경우, return 문을 사용하여 반환
}
```

위 코드에서, 반환형은 함수가 반환하는 값의 데이터 형식을 나타내며, 함수 이름은 함수를 식별하기 위한 이름입니다. 인수는 함수에 전달할 값이며, 인수가 없는 경우 괄호 내부를 비웁니다. 함수 몸체는 수행할 작업을 포함하는 코드 블록으로, 반환 값이 있는 경우 return 문을 사용하여 값을 반환합니다.

아두이노 스케치에서 함수는 setup() 함수와 loop() 함수 외부에서 작성할 수 있으며, 다른 함수에서 호출할 수 있습니다. 함수는 아두이노에서 매우 중요한 역할을 담당하며, 아두이노 스케치에서 다양한 작업을 수행할 때 사용됩니다.

 아두이노의 D4번 핀에 버튼1이 연결되어 있고 D7번 핀에는 버튼2가 연결되어있습니다.
버튼1을 누를 때 시리얼통신으로 "button1 click"을 한 번만 출력하고 버튼2을 누를 때 시리얼통신으로 "button2 click"을 한 번만 출력하는 코드를 작성해주세요.
pinMode를 설정할 때 INPUT으로 만 설정해주세요.
회로적으로 풀다운 저항이 연결되어 있고, 눌렸을 때 HIGH로 동작합니다.
버튼이 동작하는 기능은 각각 함수로 만들고, 포인터는 사용하지 말아주세요.

 아래는 D4 핀에 연결된 버튼1과 D7 핀에 연결된 버튼2를 감지하여, 해당 버튼이 눌렸을 때 "button1 click" 또는 "button2 click"을 한 번만 시리얼 통신으로 출력하는 코드입니다. 입력 핀 모드는 INPUT으로 설정되며, 풀다운 저항을 사용하므로 입력이 HIGH일 때 버튼이 눌려졌다고 판단합니다. 버튼 동작을 함수로 구현하여, 코드를 구조화하였습니다.

5-3-4.ino

```cpp
const int BUTTON1_PIN = 4;
const int BUTTON2_PIN = 7;

bool button1Pressed = false;
bool button2Pressed = false;

void setup(){
  pinMode(BUTTON1_PIN, INPUT);
  pinMode(BUTTON2_PIN, INPUT);

  Serial.begin(9600);
}

void loop(){
if (checkButton1Pressed()){
    Serial.println("button1 click");
  }

if (checkButton2Pressed()){
    Serial.println("button2 click");
  }
}

bool checkButton1Pressed(){
  static bool lastButton1State = LOW;
  bool button1State = digitalRead(BUTTON1_PIN);

  if (button1State != lastButton1State && button1State == HIGH){
    lastButton1State = button1State;
    return true;
  }

  lastButton1State = button1State;
    return false;
}

bool checkButton2Pressed(){
  static bool lastButton2State = LOW;
  bool button2State = digitalRead(BUTTON2_PIN);

  if (button2State != lastButton2State && button2State == HIGH){
    lastButton2State = button2State;
    return true;
  }

  lastButton2State = button2State;
    return false;
}
//5-3-4
```

코드에서는 디지털 핀 4와 7을 입력 모드로 설정하고, Serial.begin() 함수를 사용하여 시리얼 통신을 시작합니다. 이후 loop() 함수에서는 checkButton1Pressed() 함수와 checkButton2Pressed()

함수를 호출하여 각 버튼이 눌렸는지를 확인하고, 눌렸을 경우 "button1 click" 또는 "button2 click"을 출력합니다.

checkButton1Pressed() 함수와 checkButton2Pressed() 함수는 각각 버튼1과 버튼2의 동작을 검사하며, 버튼이 눌렸는지를 판단합니다. 함수에서는 버튼의 상태 변화를 감지하기 위해 마지막 버튼 상태를 변수에 저장하고, 버튼 상태가 변경되었을 때에만 true 값을 반환합니다. 이전 상태를 비교하고, 버튼이 눌렸을 때에만 true 값을 반환하므로 한 번만 "button1 click" 또는 "button2 click"이 출력됩니다. 함수의 매개변수를 사용하지 않고, 정적 변수를 이용하여 버튼 동작을 구현하였습니다.

결과확인

[업로드] 버튼을 눌러 코드를 업로드 한 다음 [시리얼 모니터]를 열어 값을 확인합니다.
버튼1, 버튼2를 눌러 동작을 확인합니다.

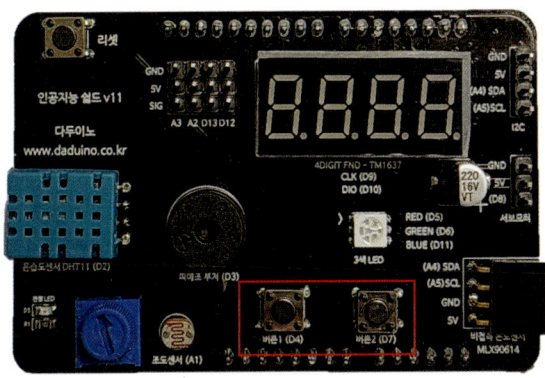

각각의 버튼을 눌렀을 때 시리얼통신으로 한 번만 값이 출력되었습니다.

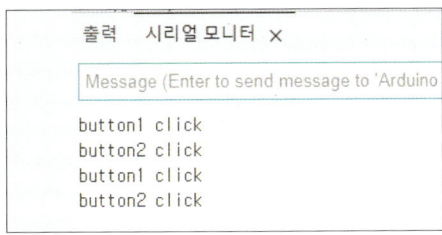

CHAPTER 06

아날로그 출력

아날로그 출력의 개념 및 작동 원리
아두이노에서 아날로그 출력을 사용하는 방법
아날로그 출력을 이용한 LED 제어

01 아날로그 출력의 개념 및 작동원리

아두이노는 다양한 디지털 신호를 출력할 수 있으며, 이 중에서 PWM (Pulse Width Modulation)은 아날로그 신호를 모사하는 데 사용됩니다. PWM은 신호를 일정한 주기로 발생시키면서, 그 중에서도 신호가 켜져 있는 시간의 길이를 변화시켜 아날로그 신호를 생성합니다.

예를 들어, 50% duty cycle을 가진 PWM 신호는 주기의 50% 동안 신호가 켜져 있고, 나머지 50% 동안은 꺼져 있습니다. 이러한 PWM 신호를 사용하여 LED 밝기 제어, 모터 속도 제어 등 다양한 애플리케이션에서 사용됩니다.

아두이노에서 PWM은 analogWrite() 함수를 사용하여 생성할 수 있으며, PWM 신호를 출력할 수 있는 핀은 "~" 기호가 표시된 핀입니다. 예를 들어, 아두이노 UNO 보드의 핀 3, 5, 6, 9, 10 및 11은 PWM 출력을 지원합니다.

PWM 신호는 디지털 핀을 이용하여 생성됩니다. 이때, 아날로그 값이 아닌 디지털 값으로 신호를 생성하게 됩니다.

PWM은 주기적으로 일정한 주기와 duty cycle (HIGH 신호가 켜져 있는 시간)를 가지는 신호를 생성하여, 아날로그 신호를 모방하는 것입니다.

아두이노에서 analogWrite() 함수를 이용하면, 원하는 핀에 대한 PWM 신호를 발생시킬 수 있습니다.

PWM 신호의 작동원리는 다음과 같습니다. 먼저, 아날로그 값을 0부터 255까지의 범위로 설정합니다. 0은 LOW(0V), 255는 HIGH(5V)입니다.

그 다음, 이 값을 디지털 값으로 변환하고, 원하는 duty cycle로 설정합니다. 예를 들어, duty cycle을 50%로 설정하면 신호는 50%의 시간 High(5V)이고, 50%의 시간 Low(0V)입니다. 이러한 주기적인 신호가 생성되면, 아날로그 신호처럼 동작하게 됩니다.

이와 같은 방식으로, PWM을 이용하여 LED 밝기 조절, 모터 제어, 서보 모터 제어 등 다양한 애플리케이션에서 사용됩니다.

02 아두이노에서 아날로그 출력을 사용하는 방법

아두이노에서 아날로그 출력을 사용하려면, PWM 신호를 이용해 아날로그 값으로 출력해야 합니다. 아날로그 출력은 LED 밝기 조절, 모터 속도 제어, 서보 모터 제어 등 다양한 애플리케이션에서 사용됩니다.

다음은 아두이노에서 아날로그 출력을 사용하는 방법입니다.

PWM 핀 확인

아두이노 보드의 핀맵을 확인하여 PWM 출력을 지원하는 핀을 찾습니다. 아두이노 UNO 보드에서는 3, 5, 6, 9, 10, 11 핀이 PWM 출력을 지원합니다.

analogWrite() 함수 사용

analogWrite() 함수를 사용하여 PWM 신호를 발생시킵니다. 이 함수는 PWM 출력을 지원하는 핀에 대해서만 사용할 수 있습니다.
예를 들어, 핀 3에 대한 PWM 신호를 생성하려면 다음과 같이 코드를 작성합니다.

```
analogWrite(3,128);//핀 3에 대한 PWM 신호를 생성하고, duty cycle을 50%로 설정
```

analogWrite(3,128);//핀 3에 대한 PWM 신호를 생성하고, duty cycle을 50%로 설정

위의 코드는 핀 3에 대한 PWM 신호를 생성하고, duty cycle을 50%로 설정합니다. duty cycle은 0부터 255까지의 값을 가질 수 있으며, 이 값이 클수록 High 신호가 길게 유지됩니다.

03 아날로그 출력을 이용한 LED 제어

사용부품

아래의 부품을 준비합니다.

부품명	수량
RGB LED모듈	1개
수-수 점퍼케이블	5개

회로연결

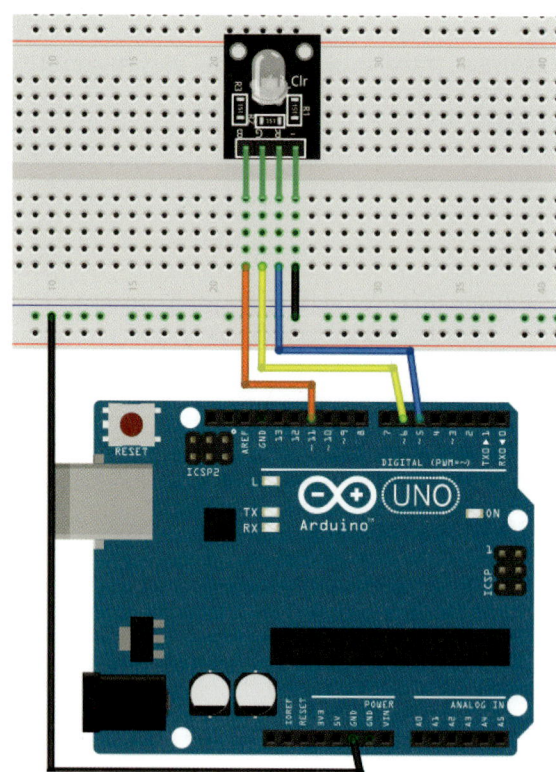

※RGB LED모듈의 경우 제조사나 제조시점에 따라서 핀의 번호가 다를 수 있으니 RGB LED모듈의 표시된 내용으로 연결합니다.

아래의 표를 참고하여 RGB LED와 아두이노를 연결합니다. 인공지능 쉴드에서는 RGB LED가 다음의 위치에 구성되어 있습니다.

부품	아두이노
RGB LED모듈의 R	D5
RGB LED모듈의 G	D6
RGB LED모듈의 B	D11
RGB LED모듈의 –	GND

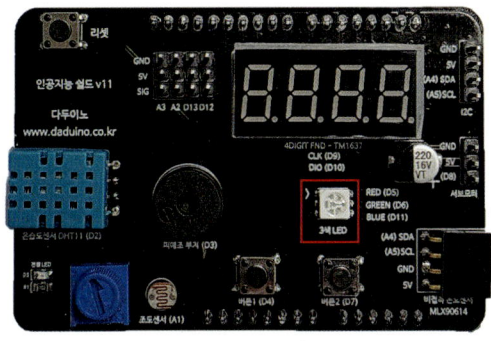

실습하기

 아두이노의 D5번 핀에 빨간색 LED가 연결되어 있습니다.
빨간색 LED의 밝기를 5단계로 점점 밝아지는 코드를 작성해주세요.

 아래는 D5 핀에 연결된 빨간색 LED를 5단계로 점점 밝아지게 하는 코드입니다.

6-3-1.ino

```
int ledPin = 5; // D5 핀을 빨간색 LED와 연결
int brightness = 0; // 초기 밝기 값은 0으로 설정

void setup(){
  pinMode(ledPin, OUTPUT); // D5 핀을 출력으로 설정
}

void loop(){
  // 밝기를 5단계로 점점 증가시키기
  for (int i = 0; i < 5; i++){
    brightness += 51; // 51씩 증가 (255 / 5)
    analogWrite(ledPin, brightness); // 현재 밝기 값으로 PWM 출력
    delay(500); // 0.5초 딜레이
  }

  // 밝기를 5단계로 점점 감소시키기
  for (int i = 0; i < 5; i++){
    brightness -= 51; // 51씩 감소 (255 / 5)
    analogWrite(ledPin, brightness); // 현재 밝기 값으로 PWM 출력
    delay(500); // 0.5초 딜레이
  }
}
//6-3-1
```

앞의 코드에서는 for 루프를 사용하여 밝기를 5단계로 점점 증가시킨 후, 다시 5단계로 점점 감소시킵니다. 각 단계에서는 현재 밝기 값을 PWM 출력으로 설정하고, 0.5초의 딜레이를 줍니다. 이를 반복하면서 LED의 밝기를 5단계로 점점 밝아지게 만들 수 있습니다.

결과확인

[▶ 업로드] 버튼을 눌러 코드를 업로드 합니다. RGB LED의 빨간색 LED가 5단계로 점점 밝아졌다가 다시 5단계로 점점 어두워지는 동작을 반복합니다.

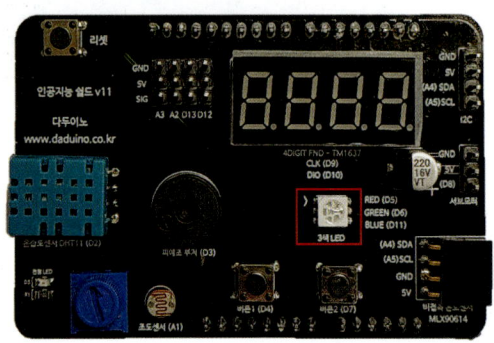

 아두이노의 D5번 핀에 빨간색 LED, D6번 핀에는 녹색, D11번 핀에는 파란색 LED가 연결되어 있습니다. 무지개 색상으로 변하는 코드를 작성해주세요.
1초마다 무지개색상인 빨주노초파남보라색을 하나씩 출력하는 코드입니다.

 아래는 D5, D6, D11 핀에 빨간색, 녹색, 파란색 LED가 연결되어 있고, 1초마다 무지개 색상으로 변하는 코드입니다.

6-3-2.ino

```
int redPin = 5;      // 빨간색 LED가 연결된 D5 핀
int greenPin = 6;    // 녹색 LED가 연결된 D6 핀
int bluePin = 11;    // 파란색 LED가 연결된 D11 핀

void setup(){
  pinMode(redPin, OUTPUT);      // 빨간색 LED 핀을 출력으로 설정
  pinMode(greenPin, OUTPUT);    // 녹색 LED 핀을 출력으로 설정
  pinMode(bluePin, OUTPUT);     // 파란색 LED 핀을 출력으로 설정
}

void loop(){
  // 빨강 색상
  analogWrite(redPin, 255);    // 빨간색 LED를 켜기
  analogWrite(greenPin, 0);    // 녹색 LED를 끄기
  analogWrite(bluePin, 0);     // 파란색 LED를 끄기
  delay(1000);                 // 1초 딜레이
  // 주황 색상
  analogWrite(redPin, 255);        // 빨간색 LED를 켜기
```

```
    analogWrite(greenPin, 127);  // 녹색 LED를 반밝게 켜기
    analogWrite(bluePin, 0);     // 파란색 LED를 끄기
    delay(1000);                 // 1초 딜레이
    // 노랑 색상
    analogWrite(redPin, 255);    // 빨간색 LED를 켜기
    analogWrite(greenPin, 255);  // 녹색 LED를 켜기
    analogWrite(bluePin, 0);     // 파란색 LED를 끄기
    delay(1000);                 // 1초 딜레이
    // 초록 색상
    analogWrite(redPin, 0);      // 빨간색 LED를 끄기
    analogWrite(greenPin, 255);  // 녹색 LED를 켜기
    analogWrite(bluePin, 0);     // 파란색 LED를 끄기
    delay(1000);                 // 1초 딜레이
    // 파란 색상
    analogWrite(redPin, 0);      // 빨간색 LED를 끄기
    analogWrite(greenPin, 0);    // 녹색 LED를 끄기
    analogWrite(bluePin, 255);   // 파란색 LED를 켜기
    delay(1000);                 // 1초 딜레이
    // 남색 색상
    analogWrite(redPin, 0);      // 빨간색 LED를 끄기
    analogWrite(greenPin, 0);    // 녹색 LED를 끄기
    analogWrite(bluePin, 127);   // 파란색 LED를
    delay(1000);                 // 1초 딜레이
    // 보라 색상
    analogWrite(redPin, 127);    // 빨간색 LED를 반밝게 켜기
    analogWrite(greenPin, 0);    // 녹색 LED를 끄기
    analogWrite(bluePin, 127);   // 파란색 LED를 반밝게 켜기
    delay(1000);                 // 1초 딜레이
}
//6-3-2
```

위 코드에서는 빨간, 녹색, 파란색 LED를 켜고 끄는 방식으로 무지개 색상을 표현합니다. 각 색상에서는 1초 딜레이를 주어 지정된 색상을 보여줍니다. 이를 반복하면서 LED가 무지개 색상으로 점점 변하는 모습을 볼 수 있습니다.

결과확인

[업로드] 버튼을 눌러 코드를 업로드 합니다.

RGB LED가 빨주노초파남보라색으로 무지개색상으로 변경되며 표현됩니다.

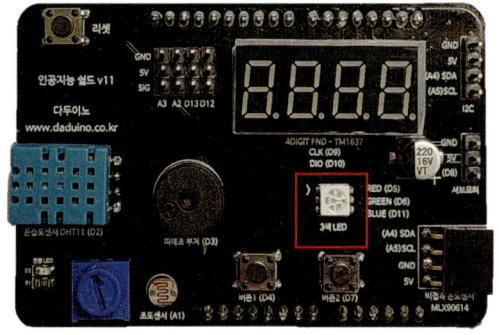

CHAPTER 07

아날로그
입력

아날로그 입력의 개념 및 작동 원리
아두이노에서 아날로그 입력을 사용하는 방법
아두이노에서 아날로그 입력을 사용하기

01 아날로그 입력의 개념 및 작동 원리

아날로그 입력이란 연속적인 전압 신호를 아날로그 핀을 통해 아두이노에 입력받아, 디지털 신호로 변환하여 처리하는 것을 말합니다.

아날로그 입력 핀은 아날로그-디지털 변환기(ADC)를 통해 입력 전압 신호를 측정합니다. 이 때 ADC는 입력 신호를 디지털 값으로 변환하는데, 이를 위해 입력 신호를 일정한 시간 간격으로 샘플링하고, 샘플링된 값을 비교하여 디지털 값으로 변환합니다.

예를 들어, 온도 센서의 경우 온도 변화에 따라 핀에 인가되는 전압이 변하게 되고, 이 때 아날로그 입력핀에서 해당 전압을 측정합니다. 이 측정된 전압 값은 아날로그-디지털 변환기를 통해 0부터 1023 사이의 숫자 값으로 변환됩니다.

이 숫자 값은 아두이노에서 처리가 가능한 디지털 값으로 취급됩니다. 이후 아두이노에서 이 값을 처리하여 다양한 작업을 수행하거나, 다른 디지털 장치에 전송하여 활용할 수 있습니다.

아날로그 입력을 사용할 때에는 주의해야 할 점이 있습니다. 입력 전압이 아날로그 핀의 최대 전압보다 높아지거나 낮아지면 아날로그-디지털 변환기가 정확한 값을 측정하지 못하게 됩니다. 따라서 입력 전압 범위를 고려하여 적절한 저항이나 전압 분배 회로를 추가하여 입력 전압 범위를 제한하는 것이 좋습니다.

아두이노 우노의 아날로그 입력 전압 범위는 0V에서 5V까지입니다. 이 범위 내에서 아날로그 입력 핀에 입력된 전압을 측정하고, 아날로그-디지털 변환기를 통해 디지털 값으로 변환합니다.

하지만 입력 전압이 5V보다 높아지거나 낮아지면, 아날로그-디지털 변환기가 정확한 값을 측정하지 못하게 됩니다. 따라서 입력 전압 범위를 고려하여 적절한 저항이나 전압 분배 회로를 추가하여 입력 전압 범위를 제한하는 것이 좋습니다.

또한, 아두이노 우노의 아날로그 입력 핀은 10비트 ADC를 사용하여 0부터 1023까지의 숫자로 변환합니다. 이는 입력 전압 0V일 때 0을, 입력 전압 5V일 때 1023을 출력하게 됩니다. 따라서 입력 전압에 따른 숫자 값을 이용하여 입력 전압을 측정하고, 이 값을 다양한 방법으로 활용할 수 있습니다.

아두이노 우노에서는 총 6개의 아날로그 입력 핀을 제공합니다. 이 핀들은 A0부터 A5까지의 핀 이름을 가지고 있습니다. 이 중에서 사용 가능한 아날로그 입력 핀은 다음과 같습니다.

A0~A5

따라서, 위 핀들 중 하나를 아날로그 입력 핀으로 사용할 수 있습니다. 이 핀들은 디지털 핀으로도 사용 가능합니다. 단, 같은 핀을 디지털 입출력 핀과 아날로그 입력 핀으로 동시에 사용할 수는 없습니다.

아날로그 입력 핀들은 10비트 ADC를 사용하여 입력 전압을 디지털 값으로 변환합니다. 이를 이용하여 다양한 센싱 애플리케이션에 활용할 수 있습니다.

아두이노 우노의 A4와 A5 핀은 아날로그 입력 핀으로 사용할 수 있는 핀입니다. 이 두 핀은 특히 I2C 통신에 사용됩니다.

I2C 통신은 저속의 직렬 통신 방식으로, 여러 개의 디바이스들이 하나의 버스를 공유하여 통신하는 방식입니다. 각 디바이스는 고유한 주소를 가지며, 버스를 통해 데이터를 주고받습니다.

I2C 통신에서 A4 핀은 SDA(Serial Data) 핀으로 사용되며, A5 핀은 SCL(Serial Clock) 핀으로 사용됩니다. SDA 핀은 데이터의 송수신에 사용되는 핀이며, SCL 핀은 데이터의 클럭 신호를 전달하는 핀입니다.

따라서, A4와 A5 핀은 아날로그 입력 핀으로 사용할 수 있을 뿐만 아니라, I2C 통신에서 SDA와 SCL 핀으로 사용됩니다. I2C 통신을 사용하는 디바이스를 연결할 때는 A4와 A5 핀을 사용해야 하며, 이를 위해 Wire 라이브러리를 사용하여 I2C 통신을 구현할 수 있습니다.

02 아두이노에서 아날로그 입력을 사용하는 방법

아날로그 값 읽기

설정한 아날로그 입력 핀에서 전압 값을 읽어옵니다. 아날로그 입력값은 0부터 1023까지의 범위를 가지는데, 0은 0V, 1023은 5V를 나타냅니다. analogRead() 함수를 사용하여 아날로그 값 읽기를 할 수 있습니다.

```c
int analogPin = A0; // 아날로그 입력 핀 설정

void setup(){
Serial.begin(9600); // 시리얼 통신 설정
}

void loop(){
int value =analogRead(analogPin); // 아날로그 값 읽기
  Serial.println(value); // 시리얼 모니터에 출력
}
```

아날로그 값 처리

읽어온 아날로그 값은 해당 센서나 모듈에서 측정된 데이터를 의미합니다. 따라서 이 값을 활용하여 다양한 작업을 수행할 수 있습니다. 예를 들어, 온도 센서의 경우 측정된 아날로그 값으로부터 실제 온도 값을 계산할 수 있습니다.

```
int analogPin = A0; // 아날로그 입력 핀 설정

void setup(){
Serial.begin(9600); // 시리얼 통신 설정
}

void loop(){
int value =analogRead(analogPin); // 아날로그 값 읽기

float voltage = value * (5.0 /1023.0); // 입력 전압 계산
float temperature = (voltage -0.5) *100; // 온도 계산

Serial.println(temperature); // 시리얼 모니터에 출력
}
```

위 코드는 아날로그 입력 핀에서 읽어온 값을 이용하여 입력 전압과 온도 값을 계산하고, 시리얼 모니터에 출력하는 예시입니다. 각각의 센서나 모듈에서 측정된 데이터를 처리하는 방식은 해당 데이터의 특성에 따라 다르므로, 이를 고려하여 처리하는 것이 중요합니다.

03 아두이노에서 아날로그 입력을 사용하기

사용부품

아래의 부품을 준비합니다.

부품명	수량
가변저항	1개
수-수 점퍼케이블	5개

회로연결

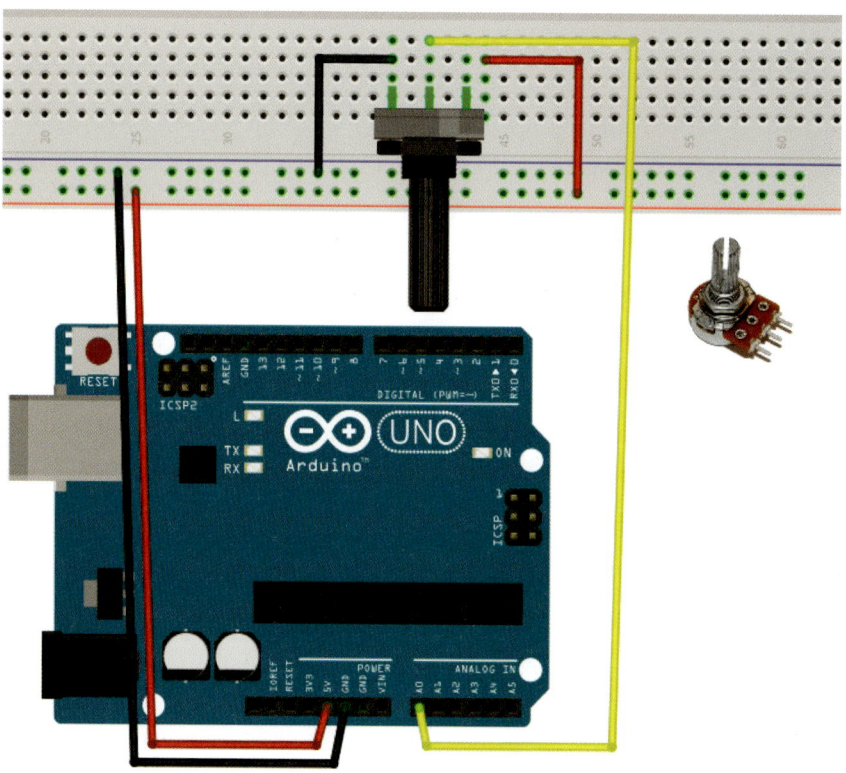

아래의 표를 참고하여 가변저항과 아두이노를 연결합니다.

부품	아두이노
가변저항	A0

인공지능 쉴드에서 가변저항은 다음의 위치에 구성되어 있습니다.

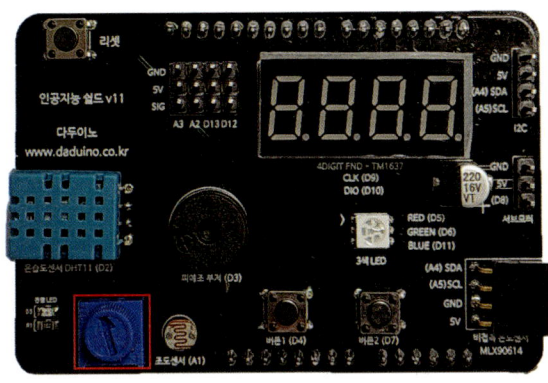

실습하기

 아두이노의 A0번 핀에 가변저항이 연결되어있습니다.
가변저항의 값을 읽어 시리얼통신으로 값을 전송하는 코드를 작성해주세요.

 가변저항이 A0 핀에 연결되어 있다고 가정하고, 해당 가변저항의 값을 읽어 시리얼 통신으로 전송하는 코드는 다음과 같습니다.

7-3-1.ino
```
int analogPin = A0; //. 아날로그 입력 핀 설정

void setup(){
  pinMode(analogPin, INPUT); // 해당 핀을 입력 모드로 설정
  Serial.begin(9600); // 시리얼 통신 설정
}

void loop(){
int value = analogRead(analogPin); // 아날로그 값 읽기

Serial.println(value); // 시리얼 모니터에 출력
}
//7-3-1
```

위 코드에서는 setup() 함수에서 아날로그 입력 핀을 입력 모드로 설정하고, 시리얼 통신을 시작합니다. 이후 loop() 함수에서는 analogRead() 함수를 사용하여 A0 핀에서 읽은 아날로그 값(value)을 시리얼 모니터에 출력합니다.

가변저항의 값을 읽어오면, 해당 값은 0부터 1023까지의 범위를 가지므로, 이 값을 다양한 방법으로 활용할 수 있습니다. 예를 들어, 가변저항의 값을 LED의 밝기로 활용할 수도 있습니다. 이를 위해서는 analogWrite() 함수를 사용하여 PWM(Pulse Width Modulation) 신호를 생성하여 LED의 밝기를 조절할 수 있습니다.

결과 확인

[업로드] 버튼을 눌러 코드를 업로드 한 다음 [시리얼 모니터]를 열어 값을 확인합니다. 가변저항을 손으로 돌려 값이 0~1023사이의 디지털 값으로 출력되는지 확인합니다.

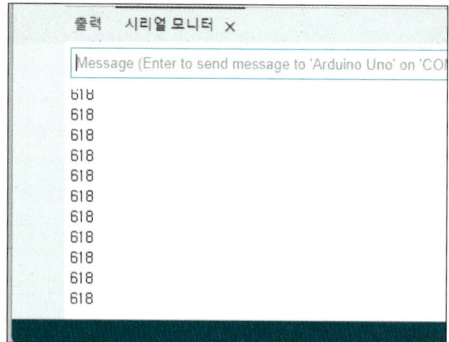

> 아두이노의 A0번 핀에 가변저항이 연결되어있습니다.
> 가변저항의 값을 읽어 0~100사이로 변환하고 그값을 시리얼통신으로 값을 전송하는 코드를 작성해주세요.

> 가변저항이 A0 핀에 연결되어 있다고 가정하고, 해당 가변저항의 값을 0~100 사이의 값으로 변환하여 읽어 시리얼 통신으로 전송하는 코드는 다음과 같습니다.

7-3-2.ino

```arduino
int analogPin = A0; // 아날로그 입력 핀 설정

void setup(){
  pinMode(analogPin, INPUT); // 해당 핀을 입력 모드로 설정
  Serial.begin(9600); // 시리얼 통신 설정
}

void loop(){
  int value = analogRead(analogPin); // 아날로그 값 읽기

  int mappedValue = map(value, 0, 1023, 0, 100); // 0~100 범위로 변환
```

```
  Serial.println(mappedValue); // 시리얼 모니터에 출력
}
//7-3-2
```

위 코드에서는 setup() 함수에서 아날로그 입력 핀을 입력 모드로 설정하고, 시리얼 통신을 시작합니다. 이후 loop() 함수에서는 analogRead() 함수를 사용하여 A0 핀에서 읽은 아날로그 값(value)을 map() 함수를 이용하여 0~100 사이의 값으로 변환한 다음, 시리얼 모니터에 출력합니다.

map() 함수는 입력된 값(value)의 범위를 원하는 범위(0~100)로 변환하는 함수입니다. 위 코드에서는 0부터 1023까지의 값을 0부터 100까지의 값으로 변환하도록 설정했습니다. 따라서, 가변저항으로 입력되는 값이 0이면 0을, 1023이면 100을 출력하게 됩니다.

이와 같이 map() 함수를 사용하여 값을 원하는 범위로 변환하면, 다양한 센싱 애플리케이션에서 해당 값을 활용할 수 있습니다.

결과확인

[🟢 업로드] 버튼을 눌러 코드를 업로드 한 다음 [🔍 시리얼 모니터]를 열어 값을 확인합니다. 값이 0~100사이로 변환되어 출력되었습니다.

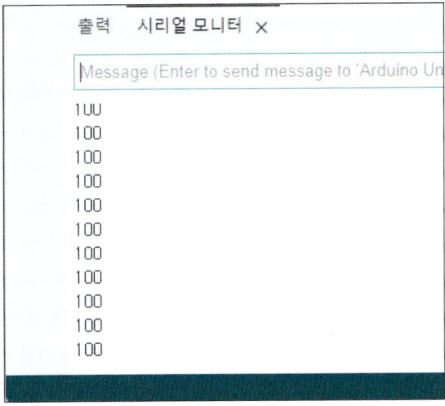

아두이노의 map함수에 대해서 알려주세요.

 아두이노의 map() 함수는 입력된 값의 범위를 원하는 범위로 변환해주는 함수입니다.
map() 함수는 다음과 같은 형태를 가집니다.

```
map(value, fromLow, fromHigh, toLow, toHigh)
```

- value: 변환할 값
- fromLow: 입력된 값의 최소값
- fromHigh: 입력된 값의 최대값
- toLow: 출력할 값의 최소값
- toHigh: 출력할 값의 최대값

map() 함수는 value 값이 fromLowtoHigh 범위에서 출력값을 계산합니다. 예를 들어, 다음과 같은 코드를 실행하면,

```
int value =50;
int mappedValue = map(value, 0, 100, 0, 255);
```

value 값인 50은 0~255 범위로 변환하여 mappedValue 변수에 저장합니다. 따라서, mappedValue 값은 50을 0~255 범위로 변환한 값인 127이 됩니다.

map() 함수는 센싱 애플리케이션에서 입력된 값을 다양한 범위로 변환할 때 유용하게 사용될 수 있습니다. 예를 들어, 가변저항으로 측정한 값을 0~100%의 밝기로 변환하여 LED를 제어할 수 있습니다.

 아두이노의 A0번 핀에 가변저항이 연결되어있습니다.
가변저항의 값을 읽어 0V에서 5V사이로 전압값으로 변환하고 그 값을 시리얼통신으로 값을 전송하는 코드를 작성해주세요.

 가변저항이 A0 핀에 연결되어 있다고 가정하고, 해당 가변저항의 값을 0V에서 5V 사이의 전압값으로 변환하여 읽어 시리얼 통신으로 전송하는 코드는 다음과 같습니다.

7-3-3.ino

```
int analogPin = A0; // 아날로그 입력 핀 설정

void setup(){
pinMode(analogPin, INPUT); // 해당 핀을 입력 모드로 설정
  Serial.begin(9600); // 시리얼 통신 설정
}

void loop(){
int value = analogRead(analogPin); // 아날로그 값 읽기

float voltage = value * (5.0 / 1023.0); // 입력 전압 계산
```

```
    Serial.println(voltage); // 시리얼 모니터에 출력
}
//7-3-3
```

위 코드에서는 setup() 함수에서 아날로그 입력 핀을 입력 모드로 설정하고, 시리얼 통신을 시작합니다. 이후 loop() 함수에서는 analogRead() 함수를 사용하여 A0 핀에서 읽은 아날로그 값(value)을 이용하여 입력 전압(voltage)을 계산한 후, 시리얼 모니터에 출력합니다.

가변저항의 값이 0~1023까지의 범위를 가지며, 이를 0V~5V 사이의 전압값으로 변환하려면 value 값에 5.0 / 1023.0을 곱해주면 됩니다. 이렇게 계산된 voltage 값은 실제 입력 전압 값을 의미하며, 이 값을 이용하여 다양한 작업을 수행할 수 있습니다.

위 코드에서는 입력 전압값을 시리얼 모니터에 출력하였지만, 이를 이용하여 다양한 액츄에이터나 모니터링 애플리케이션에서 활용할 수 있습니다. 예를 들어, 입력 전압값을 이용하여 서보 모터의 각도를 조절하거나, LCD 디스플레이에 출력할 수 있습니다.

결과확인

[업로드] 버튼을 눌러 코드를 업로드 한 다음 [시리얼 모니터]를 열어 값을 확인합니다. 값이 0~5V사이로 전압값으로 변환되어 출력되었습니다.

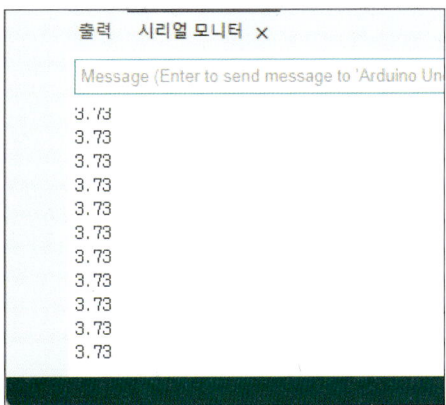

CHAPTER 08

센서

조도 센서
초음파 센서
온도, 습도 센서(DHT11)

01 조도센서

조도센서 정의

CDS 조도센서는 빛의 밝기, 즉 조도를 측정하는 아날로그 센서 중 하나입니다. CDS는 Cadmium Sulfide(카드뮴 황화물)의 준말로, 조도가 증가하면 CDS의 저항이 감소합니다. 이를 이용하여 조도를 측정할 수 있습니다.

CDS 조도센서는 저렴하고 작고 소비전력이 적어, 다양한 장치에서 사용할 수 있습니다. 아두이노와 같은 마이크로컨트롤러와 함께 사용하면, LED 조명, 자동화된 가로등 시스템, 스마트 홈 등 다양한 프로젝트에 적용할 수 있습니다.

CDS 조도센서는 아날로그 입력 핀을 통해 아두이노 또는 다른 마이크로컨트롤러로 연결되며, 주변 환경의 조도 수준에 따라 센서에서 출력되는 아날로그 값이 변합니다. 이 값은 아날로그 입력 핀을 통해 읽어들일 수 있으며, 측정한 조도 값을 이용하여 미리 정해둔 임계치와 비교하여 특정 동작을 수행할 수 있습니다. 예를 들어, 조도가 일정 수준 이하면 LED 조명을 켜는 것과 같은 동작을 수행할 수 있습니다.

사용부품

아래의 부품을 준비합니다.

부품명	수량
RGB LED모듈	1개
CDS조도센서	1개
10K옴 저항(갈검검갈빨)	1개
수-수 점퍼케이블	7개

회로연결

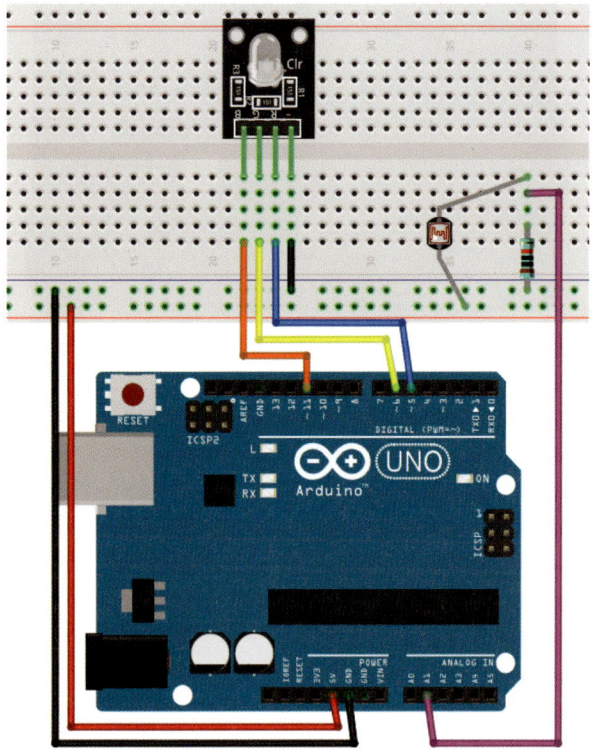

아래의 표를 참고하여 회로를 구성합니다.

부품	아두이노
RGB LED 모듈의 빨강	D5
RGB LED 모듈의 녹색	D6
RGB LED 모듈의 파랑	D11
CDS조도센서	A1

RGB LED를 제어하기 위해 사용하는 핀들은 모듈 analogWrite() 가 사용한 핀입니다. CDS조도센서는 10k옴의 저항을 이용해서 회로를 구성하고 중간을 A1번 핀과 연결합니다.

인공지능 쉴드에서는 조도센서와 3색 LED(RGB LED)가 다음의 위치에 구성되어 있습니다.

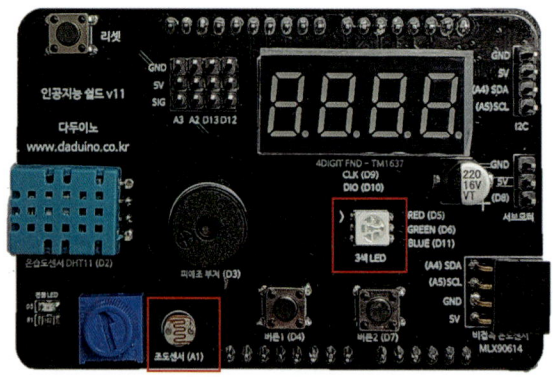

실습하기

 아두이노의 A1번 핀에 조도센서가 연결되어 있습니다.
조도센서의 값을 아날로그 입력으로 값을 읽어 그 값을 시리얼 통신으로 전송하는 코드를 작성해주세요.

 다음은 조도센서 값을 아날로그 입력으로 읽고 시리얼 통신으로 전송하는 아두이노 코드입니다.

8-1-1.ino

```
const int cdsPin = A1;  // 조도센서가 연결된 아날로그 핀

void setup(){
  Serial.begin(9600);  // 시리얼 통신을 9600bps로 초기화
}

void loop(){
  // 아날로그 입력값을 읽음
  int cdsValue =analogRead(cdsPin);

  // 시리얼 통신을 이용하여 값을 전송
  Serial.print("cds value: ");
  Serial.println(cdsValue);

  delay(500);   // 0.5초 지연
}
//8-1-1
```

위 코드에서는 A1 핀에 조도센서가 연결되어 있으며, analogRead() 함수를 사용하여 아날로그 입력값을 읽습니다. 읽어 들인 값을 Serial.print() 함수를 이용하여 시리얼 통신으로 전송합니다. delay() 함수를 이용하여 0.5초마다 조도센서 값을 읽어 들이고, 전송합니다. 이렇게 작성된 코드를 아두이노에 업로드하면, 아두이노와 시리얼 모니터를 연결하여 조도센서 값을 확인할 수 있습니다.

결과확인

[🔼 업로드] 버튼을 눌러 코드를 업로드 한 다음 [🔍 시리얼 모니터]를 열어 값을 확인합니다. 조도센서의 숫자값이 잘 출력되었습니다.

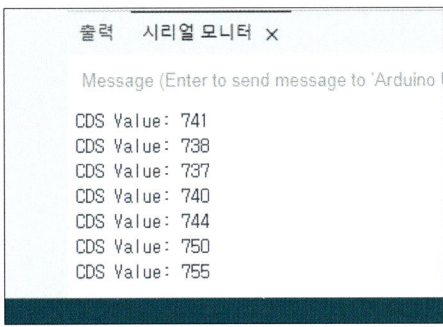

조도센서를 손으로 가려 값이 변하는지 확인합니다.

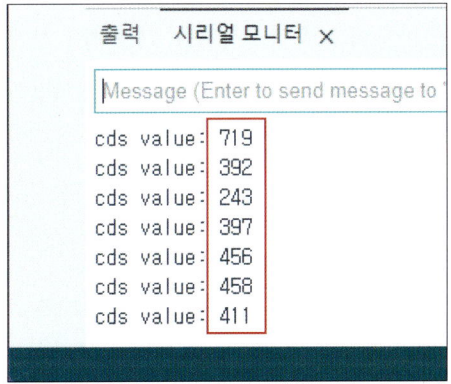

 아두이노의 A1번 핀에 조도센서가 연결되어 있습니다.
조도센서의 값을 아날로그 입력으로 값을 읽어 그 값을 전압값으로 환산하여 시리얼 통신으로 전송하는 코드를 작성해주세요.

 다음은 조도센서 값을 아날로그 입력으로 읽어 전압값으로 환산하고 시리얼 통신으로 전송하는 아두이노 코드입니다.

8-1-2.ino

```
const int cdsPin = A1;  // 조도센서가 연결된 아날로그 핀
const float referenceVoltage =5.0;  // 아두이노의 참조 전압

void setup(){
Serial.begin(9600);  // 시리얼 통신을 9600bps로 초기화
}

void loop(){
```

```
  // 아날로그 입력값을 읽음
  int cdsValue =analogRead(cdsPin);

  // 아두이노의 참조전압을 이용하여 전압값으로 환산
  float voltage = (cdsValue /1023.0) * referenceVoltage;

  // 시리얼 통신을 이용하여 값을 전송
  Serial.print("cds voltage value: ");
  Serial.print(voltage);
  Serial.println("V");

  delay(500);   // 0.5초 지연
}
//8-1-2
```

위 코드에서는 A1 핀에 조도센서가 연결되어 있으며, analogRead() 함수를 사용하여 아날로그 입력값을 읽습니다. 읽어들인 값을 아두이노의 참조전압을 이용하여 전압값으로 환산합니다. 전압값은 Serial.print() 함수를 이용하여 시리얼 통신으로 전송합니다. delay() 함수를 이용하여 0.5초마다 조도센서 값을 읽어들이고, 전송합니다. 이렇게 작성된 코드를 아두이노에 업로드하면, 아두이노와 시리얼 모니터를 연결하여 조도센서 전압값을 확인할 수 있습니다.

결과확인

[업로드] 버튼을 눌러 코드를 업로드 한 다음 [시리얼 모니터]를 열어 값을 확인합니다. cds센서의 값이 전압값으로 환산하여 표시되었습니다.

```
cds voltage value: 3.68V
cds voltage value: 3.67V
cds voltage value: 2.62V
cds voltage value: 1.88V
cds voltage value: 2.70V
cds voltage value: 3.64V
cds voltage value: 3.60V
cds voltage value: 3.60V
```

아두이노의 A1번 핀에 조도센서가 연결되어 있습니다.
조도센서의 값을 아날로그 입력으로 값을 읽어 값이 400 이하이면 "dark"를 시리얼 통신으로 전송하는 코드를 작성해주세요.

다음은 조도센서 값을 아날로그 입력으로 읽어, 값이 400 이하이면 "dark"를 시리얼 통신으로 전송하는 아두이노 코드입니다.

8-1-3.ino

```
const int cdsPin = A1;  // 조도센서가 연결된 아날로그 핀

void setup(){
Serial.begin(9600);  // 시리얼 통신을 9600bps로 초기화
}

void loop(){
  // 아날로그 입력값을 읽음
int cdsValue =analogRead(cdsPin);

  // 값이 400 이하이면 "dark"를 시리얼 통신으로 전송
if (cdsValue <=400){
   Serial.println("dark");
  }

  delay(500);  // 0.5초 지연
}
//8-1-3
```

위 코드에서는 A1 핀에 조도센서가 연결되어 있으며, analogRead() 함수를 사용하여 아날로그 입력값을 읽습니다. 읽어들인 값이 400 이하인 경우, "dark"를 Serial.println() 함수를 이용하여 시리얼 통신으로 전송합니다. delay() 함수를 이용하여 0.5초마다 조도센서 값을 읽어들이고, 전송합니다. 이렇게 작성된 코드를 아두이노에 업로드하면, 아두이노와 시리얼 모니터를 연결하여 조도센서 값이 400 이하일 때 "dark"를 확인할 수 있습니다.

결과확인

[🡒 업로드] 버튼을 눌러 코드를 업로드 한 다음 [🔍 시리얼 모니터]를 열어 값을 확인합니다. 센서를 손으로 가려 어둡게 합니다. dark가 표시되는지 확인합니다.

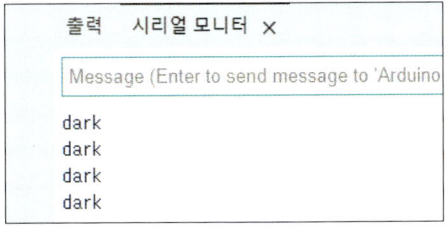

아두이노의 A1번 핀에 조도센서가 연결되어 있습니다.
조도센서의 값을 아날로그 입력으로 값을 읽어 값이 400 이하이면 D5번 핀에 연결된 빨간색 LED를 켜고 그 외의 값이면 LED를 끄는 코드를 작성해주세요.

다음은 조도센서 값을 아날로그 입력으로 읽어, 값이 400 이하인 경우 D5번 핀에 연결된 빨간색 LED를 켜고 그 외의 값이면 LED를 끄는 아두이노 코드입니다.

8-1-4.ino

```
const int cdsPin = A1;    // 조도센서가 연결된 아날로그 핀
const int ledPin =5;      // D5번 핀에 연결된 LED

void setup(){
  pinMode(ledPin, OUTPUT); // D5번 핀을 출력 핀으로 설정
}

void loop(){
  // 아날로그 입력값을 읽음
  int cdsValue =analogRead(cdsPin);

  // 값이 400 이하인 경우 LED를 켜고 그 외의 값은 LED를 끔
  if (cdsValue <=400){
    digitalWrite(ledPin, HIGH);
  }
   else {
    digitalWrite(ledPin, LOW);
  }

  delay(500);  // 0.5초 지연
}
//8-1-4
```

위 코드에서는 A1 핀에 조도센서가 연결되어 있으며, analogRead() 함수를 사용하여 아날로그 입력 값을 읽습니다. 읽어들인 값이 400 이하인 경우 digitalWrite() 함수를 사용하여 D5번 핀에 연결된 빨간색 LED를 켜고, 그 외의 값은 LED를 끕니다. delay() 함수를 이용하여 0.5초마다 조도센서 값을 읽어들이고, LED를 켜고 끄기를 반복합니다. 이렇게 작성된 코드를 아두이노에 업로드하면, 아두이노와 D5번 핀에 연결된 빨간색 LED를 확인하여 조도센서 값이 400 이하인 경우 LED가 켜지는 것을 확인할 수 있습니다.

결과확인

[→ 업로드] 버튼을 눌러 코드를 업로드합니다.

조도센서의 값이 400이상일 때는 LED가 꺼져 있습니다.

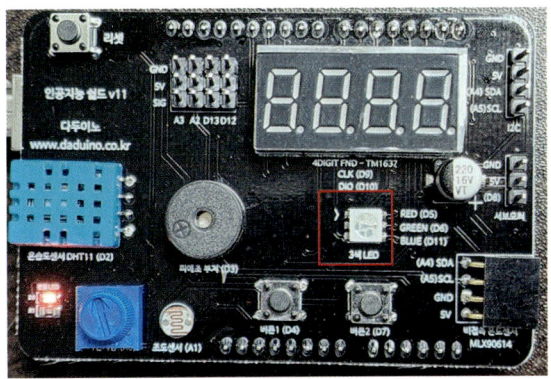

조도센서를 손으로 가려 밝기가 400이하면 LED가 켜집니다.

 아두이노의 A1번 핀에 조도센서가 연결되어 있습니다.
조도센서의 값을 아날로그 입력으로 값을 읽어 그 값을 3단계로 나누어 1단계일 때는 D5번에 연결된 빨간색 LED만 켜지고, 2단계일 때는 D6번에 연결된 녹색 LED만 켜지고, 3단계일 때는 D11번에 연결된 파란색 LED만 켜지도록 코드를 작성해주세요.

 다음은 조도센서 값을 아날로그 입력으로 읽어, 값을 3단계로 나누어 각각에 해당하는 색상의 LED를 켜는 아두이노 코드입니다.

8-1-5.ino

```
const int cdsPin = A1;      // 조도센서가 연결된 아날로그 핀

const int redLedPin =5;    // D5번 핀에 연결된 빨간색 LED
const int greenLedPin =6;  // D6번 핀에 연결된 녹색 LED
const int blueLedPin =11;  // D11번 핀에 연결된 파란색 LED
```

```
void setup(){
  pinMode(redLedPin, OUTPUT);    // D5번 핀을 출력 핀으로 설정
  pinMode(greenLedPin, OUTPUT);  // D6번 핀을 출력 핀으로 설정
  pinMode(blueLedPin, OUTPUT);   // D11번 핀을 출력 핀으로 설정
}

void loop(){
  // 아날로그 입력값을 읽음
  int cdsValue =analogRead(cdsPin);

  // 조도값을 3단계로 나누어 각 단계에 해당하는 LED를 켜고 나머지는 끔
  if (cdsValue <=341){        // 1단계: 0 ~ 341
    digitalWrite(redLedPin, HIGH);
    digitalWrite(greenLedPin, LOW);
    digitalWrite(blueLedPin, LOW);
  }
  else if (cdsValue <=682){   // 2단계: 342 ~ 682
    digitalWrite(redLedPin, LOW);
    digitalWrite(greenLedPin, HIGH);
    digitalWrite(blueLedPin, LOW);
  }
  else {                      // 3단계: 683 ~ 1023
    digitalWrite(redLedPin, LOW);
    digitalWrite(greenLedPin, LOW);
    digitalWrite(blueLedPin, HIGH);
  }

  delay(500);  // 0.5초 지연
}
//8-1-5
```

위 코드에서는 A1 핀에 조도센서가 연결되어 있으며, analogRead() 함수를 사용하여 아날로그 입력 값을 읽습니다. 조도값을 3단계로 나누어 각 단계에 해당하는 LED를 켜고 나머지는 끄기 위해 if-else문을 사용합니다. 각 단계에 해당하는 LED를 digitalWrite() 함수를 사용하여 켜고, 나머지는 끕니다. delay() 함수를 이용하여 0.5초마다 조도센서 값을 읽어들이고, LED를 켜고 끄기를 반복합니다. 이렇게 작성된 코드를 아두이노에 업로드하면, 아두이노와 각 색상의 LED를 확인하여 조도센서 값이 각 단계에 해당하는 경우 해당 색상의 LED가 켜지는 것을 확인할 수 있습니다.

결과확인

[▶ 업로드] 버튼을 눌러 코드를 업로드합니다.

조도센서를 손으로 가려 밝기를 변경합니다. LED의 색상이 빨강, 녹색, 파랑으로 밝기에 따라서 변하는지 확인합니다.

 아두이노의 A1번 핀에 조도센서가 연결되어 있습니다.
조도센서의 값을 아날로그 입력으로 값을 읽어 그 값을 RGB LED를 이용하여 무지개 색상인 7단계로 표시하세요.
RGB LED는 D5번 핀에 빨간색, D6번 핀에 녹색, D11번 핀에 파란색이 연결되어 있습니다.

 다음은 조도센서 값을 아날로그 입력으로 읽어, RGB LED를 이용하여 무지개 색상으로 표시하는 아두이노 코드입니다.

8-1-6.ino

```
const int cdsPin = A1;     // 조도센서가 연결된 아날로그 핀

const int redLedPin =5;  // D5번 핀에 연결된 빨간색 LED
const int greenLedPin =6;// D6번 핀에 연결된 녹색 LED
const int blueLedPin =11;// D11번 핀에 연결된 파란색 LED

void setup(){
  pinMode(redLedPin, OUTPUT);   // D5번 핀을 출력 핀으로 설정
  pinMode(greenLedPin, OUTPUT); // D6번 핀을 출력 핀으로 설정
  pinMode(blueLedPin, OUTPUT);  // D11번 핀을 출력 핀으로 설정
}

void loop(){
  // 아날로그 입력값을 읽음
  int cdsValue =analogRead(cdsPin);
```

```
    // RGB LED를 이용하여 무지개 색상으로 표시
  if (cdsValue <=145){         // 빨간색: 0 ~ 145
      analogWrite(redLedPin, 255);
      analogWrite(greenLedPin, 0);
      analogWrite(blueLedPin, 0);
  }
  else if (cdsValue <=290){    // 주황색: 146 ~ 290
      analogWrite(redLedPin, 255);
      analogWrite(greenLedPin, 127);
      analogWrite(blueLedPin, 0);
  }
  else if (cdsValue <=435){    // 노란색: 291 ~ 435
      analogWrite(redLedPin, 255);
      analogWrite(greenLedPin, 255);
      analogWrite(blueLedPin, 0);
  }
  else if (cdsValue <=580){    // 초록색: 436 ~ 580
      analogWrite(redLedPin, 0);
      analogWrite(greenLedPin, 255);
      analogWrite(blueLedPin, 0);
  }
  else if (cdsValue <=725){    // 파란색: 581 ~ 725
      analogWrite(redLedPin, 0);
      analogWrite(greenLedPin, 0);
      analogWrite(blueLedPin, 255);
  }
  else if (cdsValue <=870){    // 남색: 726 ~ 870
      analogWrite(redLedPin, 75);
      analogWrite(greenLedPin, 0);
      analogWrite(blueLedPin, 130);
  }
  else {                       // 보라색: 871 ~ 1023
      analogWrite(redLedPin, 139);
      analogWrite(greenLedPin, 0);
      analogWrite(blueLedPin, 255);
  }

  delay(500);   // 0.5초 지연
}
//8-1-6
```

위 코드에서는 A1 핀에 조도센서가 연결되어 있으며, analogRead() 함수를 사용하여 아날로그 입력값을 읽습니다. RGB LED를 이용하여 무지개 색상으로 표시하기 위해 analogWrite() 함수를 사용합니다.

> **❝ 작가의 한 마디**
> analogWrite()를 사용할 때는 pinMode()에서 출력핀으로 설정하지 않아도 사용할 수 있습니다.

결과확인

[➡ 업로드] 버튼을 눌러 코드를 업로드합니다.

조도센서를 손으로 가려 어둡기를 조절하여 RGB LED의 색상이 무지개 색상으로 변하는지 확인합니다. 센서에 A4용지 한장정도로 가리면 색상을 더 잘 확인 할 수 있습니다.

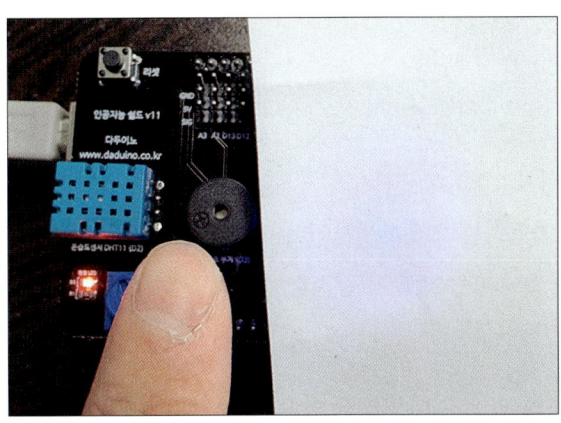

02 초음파센서

초음파센서 정의

아두이노(Arduino)에서 사용하는 초음파센서(ultrasonic sensor)는 초음파를 이용해 물체와의 거리를 측정하는 센서입니다. 초음파는 인간이 감지할 수 없는 고주파음으로, 센서에서 발생된 초음파를 물체에 보내고, 반사되어 돌아오는 초음파를 감지해서 물체와의 거리를 측정합니다.

보통 초음파센서는 두 개의 핀으로 이루어져 있습니다. 하나는 Trig(전송)핀으로, 초음파를 발신하는 역할을 합니다. 다른 하나는 Echo(수신)핀으로, 반사된 초음파를 감지하는 역할을 합니다.

초음파센서는 아두이노와 같은 마이크로컨트롤러 보드와 함께 사용되어, 센서가 감지한 거리 정보를 아두이노에게 전송합니다. 아두이노는 이 정보를 바탕으로 프로그래밍 된 로직에 따라 다양한 동작을 수행할 수 있습니다.

초음파센서는 거리 측정 외에도, 이동 물체의 속도, 방향 등을 감지하는 용도로도 사용됩니다. 초음파센서의 종류에 따라 감지 거리, 정확도, 측정 시간 등이 다를 수 있으므로, 사용하는 센서의 특성을 파악해야 합니다.

초음파센서는 거리 측정에 대한 필요성이 있는 다양한 분야에서 사용됩니다. 일반적으로 거리 측정 외에도, 이동 물체의 속도, 방향 등을 감지하는 용도로도 사용됩니다. 아래는 초음파센서의 주요 사용처입니다.

❶ **거리 측정**: 초음파센서는 일반적으로 거리 측정에 사용됩니다. 예를 들어, 자동차 후방감지기, 로봇 자동 주행 시스템, 자동문 개폐 시스템 등에 사용됩니다.

❷ **장애물 감지**: 초음파센서는 장애물 감지에도 사용됩니다. 예를 들어, 스마트홈에서는 초음파센서를 사용해 실내에 있는 사람을 감지하고, 장애물이 있는 경우 경보를 울리는 등의 보안 시스템에 사용됩니다.

❸ **야외 환경 모니터링**: 초음파센서는 야외 환경 모니터링에도 사용됩니다. 예를 들어, 초음파센서는 동물의 위치를 감지하고, 자연계의 변화를 감시하는 데 사용됩니다.

❹ **의료 분야**: 초음파센서는 의료 분야에서도 사용됩니다. 예를 들어, 초음파센서는 인체 내부에 있는 장기나 혈관 등의 구조를 측정하는 데 사용됩니다.

❺ **측량 분야**: 초음파센서는 측량 분야에서도 사용됩니다. 예를 들어, 건설 현장에서는 초음파센서를 사용해 건물 구조물의 굴곡이나 이탈, 기울기 등을 측정하는 데 사용됩니다.

초음파센서는 다양한 분야에서 활용되며, 사용하는 센서의 특성에 따라 감지 거리, 정확도, 측정 시간 등이 다르므로, 사용하는 센서의 특성을 파악해야 합니다.

사용부품

아래의 부품을 준비합니다.

부품명	수량
초음파센서모듈	1개
피에조부저	1개
수-수 점퍼케이블(부품사용 시)	8개
암-암 점퍼케이블(쉴드사용 시)	4개

회로연결

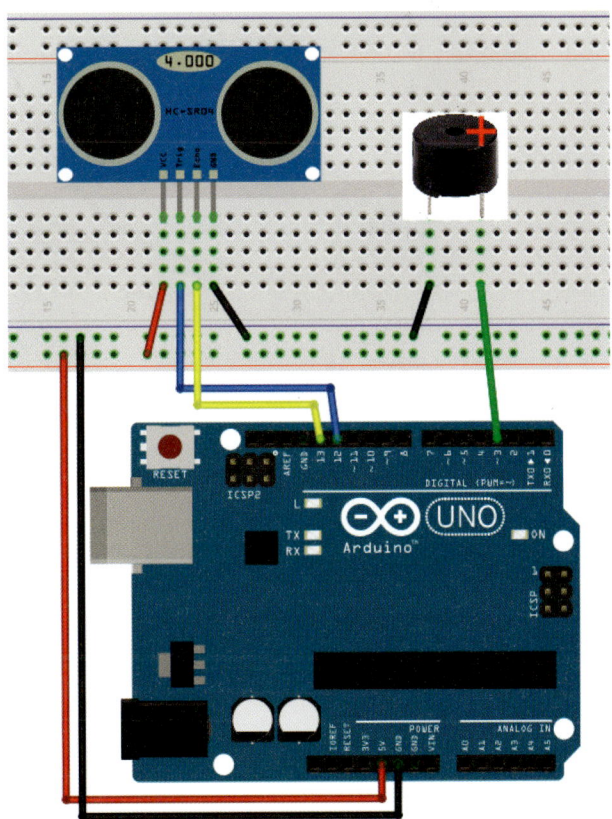

다음과 같이 초음파센서와 피에조부저를 아두이노와 연결합니다.

부품	아두이노
초음파센서 VCC	5V
초음파센서 Trig	D12
초음파센서 Echo	D13
초음파센서 GND	GND
부저+	D3

인공지능 쉴드를 이용해서 초음파센서을 연결시에는 커넥터를 통해 연결합니다.

실습하기

 아두이노에서 초음파센서를 사용하고, Trig핀은 D12번에, Echo핀은 D13번 핀에 연결되어 있습니다. 초음파센서를 이용해서 거리를 측정해서 시리얼통신으로 거리값을 전송하는 코드를 만들어주세요.

 아래는 아두이노에서 초음파센서를 사용하여 거리를 측정하고, 시리얼통신으로 거리값을 전송하는 코드입니다. Trig핀은 D12번에, Echo핀은 D13번 핀에 연결되어 있다고 가정하고 작성되었습니다. 코드를 참고하여 실제 하드웨어에 맞게 핀 번호를 변경해주시면 됩니다.

8-2-1.ino

```
// Trig핀을 D12번, Echo핀을 D13번에 연결한 경우
const int trigPin = 12; // Trig핀 번호
const int echoPin = 13; // Echo핀 번호

void setup(){
  Serial.begin(9600); // 시리얼통신 초기화

  pinMode(trigPin, OUTPUT); // Trig핀을 출력으로 설정
  pinMode(echoPin, INPUT); // Echo핀을 입력으로 설정
}

void loop(){
  long duration, distance;

  digitalWrite(trigPin, LOW); // Trig핀을 LOW로 설정
  delayMicroseconds(2); // 2us 대기
  digitalWrite(trigPin, HIGH); // Trig핀을 HIGH로 설정
  delayMicroseconds(10); // 10us 대기
  digitalWrite(trigPin, LOW); // Trig핀을 LOW로 설정

  // Echo핀이 HIGH가 될 때까지의 시간 측정
  duration = pulseIn(echoPin, HIGH);

  // 거리 계산 (음속 340m/s, 왕복거리이므로 2로 나눔)
  distance = duration * 0.034 / 2;

  Serial.print("Distance: "); // 거리값 출력
  Serial.print(distance);
  Serial.println(" cm");

  delay(100); // 100ms 대기
}
//8-2-1
```

위 코드를 아두이노에 업로드하고, 시리얼 모니터를 열어보면 초음파센서가 감지한 거리값을 확인할 수 있습니다. 코드를 실행하면, Trig핀에서 초음파를 발생시키고, Echo핀에서 반사된 초음파가 돌아올 때까지의 시간을 측정하여 거리를 계산합니다. 이렇게 계산된 거리값은 시리얼통신을 통해 컴퓨터 또는 다른 장치로 전송됩니다.

결과확인

[▶ 업로드] 버튼을 눌러 코드를 업로드 한 다음 [시리얼 모니터]를 열어 값을 확인합니다.
센서의 앞을 손이나 책을 이용하여 가린 다른 거리를 측정합니다. 측정된 거리가 시리얼 모니터로 출력되었습니다.

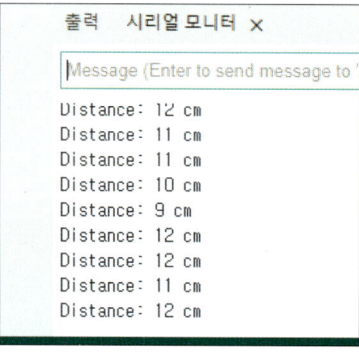

 아두이노에서 초음파센서를 사용하고, Trig핀은 D12번에, Echo핀은 D13번 핀에 연결되어 있습니다. 초음파센서를 이용해서 거리를 측정해서 시리얼통신으로 거리값을 전송하는 코드를 만들어주세요. 초음파센서의 값을 읽는 부분은 재사용할 수 있도록 함수로 만들어주세요.

 아래는 아두이노에서 초음파센서를 사용하여 거리를 측정하고, 시리얼통신으로 거리값을 전송하는 코드입니다. Trig핀은 D12번에, Echo핀은 D13번 핀에 연결되어 있다고 가정하고 작성되었습니다. 함수로 구현하여 재사용성을 높였습니다.

8-2-2.ino

```
// Trig핀을 D12번, Echo핀을 D13번에 연결한 경우
const int trigPin = 12; // Trig핀 번호
const int echoPin = 13; // Echo핀 번호

void setup(){
  Serial.begin(9600); // 시리얼통신 초기화

  pinMode(trigPin, OUTPUT); // Trig핀을 출력으로 설정
  pinMode(echoPin, INPUT); // Echo핀을 입력으로 설정
}

void loop(){
  // 거리 측정 함수 호출하여 거리값 가져오기
```

```
    long distance = measureDistance();

    Serial.print("Distance: "); // 거리값 출력
    Serial.print(distance);
    Serial.println(" cm");

    delay(100); // 100ms 대기
}

long measureDistance(){
    long duration, distance;

    digitalWrite(trigPin, LOW); // Trig핀을 LOW로 설정
    delayMicroseconds(2); // 2us 대기
    digitalWrite(trigPin, HIGH); // Trig핀을 HIGH로 설정
    delayMicroseconds(10); // 10us 대기
    digitalWrite(trigPin, LOW); // Trig핀을 LOW로 설정

// Echo핀이 HIGH가 될 때까지의 시간 측정
    duration = pulseIn(echoPin, HIGH);

// 거리 계산 (음속 340m/s, 왕복거리이므로 2로 나눔)
    distance = duration * 0.034 / 2;

    return distance;
}
//8-2-2
```

위 코드에서 measureDistance() 함수는 거리 측정을 담당합니다. 이 함수를 호출하여 거리값을 가져오고, 시리얼통신으로 전송합니다. 이렇게 구현하면, 거리 측정 기능을 담당하는 함수를 따로 구현해두면 다른 프로그램에서도 필요할 때 쉽게 재사용할 수 있습니다.

결과확인

[🡒 업로드] 버튼을 눌러 코드를 업로드 한 다음 [🔅 시리얼 모니터]를 열어 값을 확인합니다. 센서의 앞을 손이나 책을 이용하여 가린 다른 거리를 측정합니다. 측정된 거리가 시리얼 모니터로 출력되었습니다.

```
출력    시리얼 모니터  x

Message (Enter to send message to 'Ar
Distance: 12 cm
Distance: 12 cm
Distance: 13 cm
Distance: 14 cm
Distance: 12 cm
Distance: 11 cm
Distance: 13 cm
Distance: 6 cm
Distance: 7 cm
```

아두이노에서 초음파센서를 사용하고, Trig핀은 D12번에, Echo핀은 D13번 핀에 연결되어 있습니다. 피에조부저는 D3번 핀에 연결되어 있습니다.

초음파센서를 이용해서 거리를 측정해서 피에조 부저에 음계를 출력합니다.

2cm에서부터 10cm까지는 5옥타브 도, 11cm에서부터 20cm까지는 5옥타브 레, 21cm~30cm까지는 5옥타브 미를 출력하며, 나머지는 아무 음계도 출력하면 안 됩니다.

아래는 아두이노에서 초음파센서를 사용하여 거리를 측정하고, 피에조 부저에 음계를 출력하는 코드입니다. Trig핀은 D12번에, Echo핀은 D13번 핀에 연결되어 있고, 피에조부저는 D3번에 연결되어 있다고 가정하고 작성되었습니다.

초음파센서로 측정한 거리에 따라 피에조 부저에서 출력되는 음계가 달라지도록 구현되어 있습니다. 2cm에서부터 10cm까지는 5옥타브 도, 11cm에서부터 20cm까지는 5옥타브 레, 21cm~30cm까지는 5옥타브 미를 출력하고, 나머지는 아무 음계도 출력하지 않습니다.

8-2-3.ino

```
// Trig핀을 D12번, Echo핀을 D13번, 피에조부저를 D3번에 연결한 경우
const int trigPin = 12; // Trig핀 번호
const int echoPin = 13; // Echo핀 번호

const int buzzerPin = 3; // 피에조 부저 핀 번호

int distance; // 거리 저장 변수

void setup(){
  pinMode(trigPin, OUTPUT); // Trig핀을 출력으로 설정
  pinMode(echoPin, INPUT); // Echo핀을 입력으로 설정
  pinMode(buzzerPin, OUTPUT); // 피에조 부저 핀을 출력으로 설정

  Serial.begin(9600); // 시리얼통신 초기화
}

void loop(){
  // 거리 측정 함수 호출하여 거리값 가져오기
  distance = measureDistance();

  Serial.print("Distance: "); // 거리값 출력
  Serial.print(distance);
  Serial.println(" cm");

  // 거리에 따른 음계 출력
  if(distance >= 2 && distance <= 10){ // 2cm ~ 10cm
    tone(buzzerPin, 523); // 5옥타브 도
  }
  else if(distance >= 11 && distance <= 20){ // 11cm ~ 20cm
    tone(buzzerPin, 587); // 5옥타브 레
  }
  else if(distance >= 21 && distance <= 30){ // 21cm ~ 30cm
    tone(buzzerPin, 659); // 5옥타브 미
  }
```

```
    else {
      noTone(buzzerPin); // 나머지는 아무음도 출력하지 않음
    }
    delay(100); // 100ms 대기
}

long measureDistance(){
long duration, distance;

digitalWrite(trigPin, LOW); // Trig핀을 LOW로 설정
  delayMicroseconds(2); // 2us 대기
  digitalWrite(trigPin, HIGH); // Trig핀을 HIGH로 설정
  delayMicroseconds(10); // 10us 대기
  digitalWrite(trigPin, LOW); // Trig핀을 LOW로 설정

  // Echo핀이 HIGH가 될 때까지의 시간 측정
  duration = pulseIn(echoPin, HIGH);

  // 거리 계산 (음속 340m/s, 왕복거리이므로 2로 나눔)
  distance = duration * 0.034 / 2;
  return distance;
}
//8-2-3
```

위 코드를 실행하면, 초음파센서가 측정한 거리에 따라 피에조부저에서 다른 음계가 출력됩니다. 2cm에서부터 10cm까지는 5옥타브 도, 11cm에서부터 20cm까지는 5옥타브 레, 21cm~30cm까지는 5옥타브 미를 출력하고, 나머지는 아무음도 출력하지 않습니다. 이렇게 구현하면, 초음파센서로 측정한 거리에 따라 음계를 출력하는 코드를 간단하게 작성할 수 있습니다.

결과확인

[🔄업로드] 버튼을 눌러 코드를 업로드 합니다.
초음파센서를 손이나 책으로 가려 거리에 따라 도,레,미의 음계가 출력되는 것을 확인합니다.

03 온도, 습도 센서(DHT11)

DHT11 온습도센서 정의

DHT11 온도, 습도 센서는 아날로그 신호를 디지털 신호로 변환하여 온도와 습도 값을 측정하는 센서입니다. DHT11 센서는 가볍고 저렴하며, 다양한 응용 분야에서 사용됩니다.

DHT11 센서는 하나의 핀으로 구성되어 있으며, 전원, 신호, GND 세 개의 핀을 갖습니다. 신호 핀은 아날로그 출력을 전송하는 핀으로, 온도 및 습도 값은 5비트 신호 형식으로 전송됩니다.

DHT11 센서의 특징으로는 다음과 같습니다.

- 온도 측정 범위: 0~50°C
- 습도 측정 범위: 20~90%RH
- 정확도: ±2°C, ±5%RH
- 출력 신호 형식: 5비트 디지털 신호

DHT11 센서는 온도, 습도 값을 측정하기 위해 아두이노와 같은 마이크로컨트롤러와 연결하여 사용됩니다. 또한, DHT11 라이브러리를 사용하여 아두이노와 DHT11 센서를 제어할 수 있습니다.

사용부품

아래의 부품을 준비합니다.

부품명	수량
DHT11 온습도 센서모듈	1개
RGB LED모듈	1개
수-수 점퍼케이블	9개

회로연결

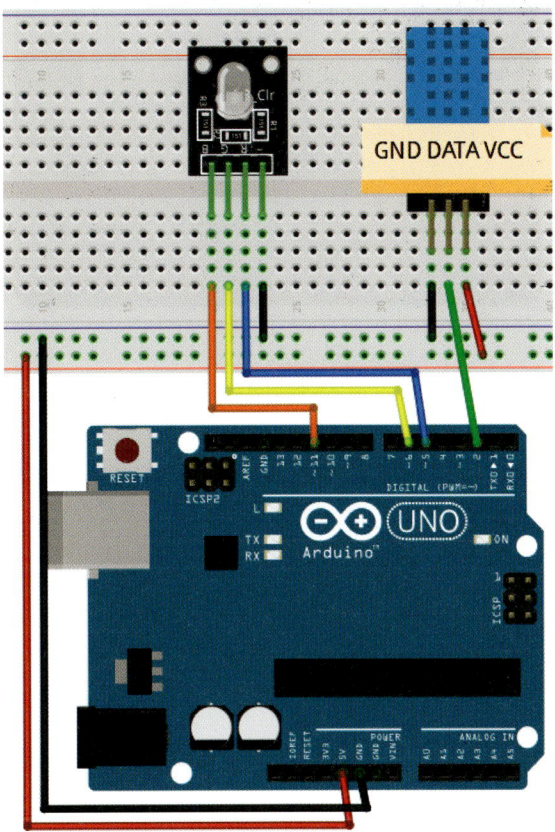

다음과 같이 DHT11온습도 센서와 RGB LED를 아두이노에 연결합니다.

부품	아두이노
RGB LED 모듈의 빨강	D5
RGB LED 모듈의 녹색	D6
RGB LED 모듈의 파랑	D11
DHT11 VCC	5V
DHT11 DATA 또는 SIG	D2
DHT11 GND	GND

인공지능 쉴드를 사용하는 경우 다음의 위치에 DHT11온습도 센서와 RGB LED가 있습니다.

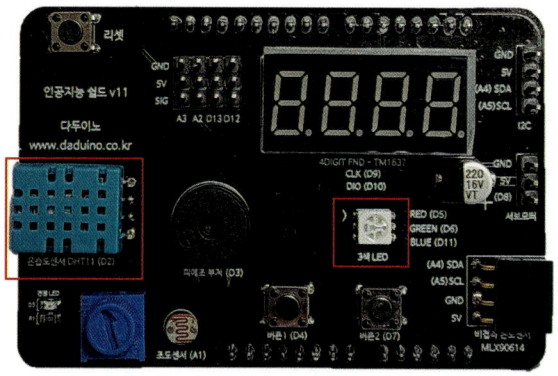

실습하기

 아두이노에서 DHT11 온도, 습도 센서를 사용하기 위한 라이브러리의 설치방법을 알려주세요.

 DHT11 온도, 습도 센서를 아두이노에서 사용하기 위해서는 DHT11 라이브러리를 설치해야 합니다. 라이브러리를 설치하는 방법은 다음과 같습니다.
1. 아두이노 IDE를 실행합니다.
2. Sketch 〉 Include Library 〉 Manage Libraries 메뉴를 선택합니다.
3. 검색 창에 "DHT11"을 입력하고, 검색 버튼을 누릅니다.
4. 검색 결과에서 "DHT sensor library by Adafruit"를 찾아서, "Install" 버튼을 클릭합니다.
5. 설치가 완료되면 "Close" 버튼을 클릭합니다.
6. 이제 DHT11 센서를 사용할 수 있는 예제 코드를 열고, Sketch 〉 Include Library 〉 DHT sensor library by Adafruit 메뉴를 선택하여 라이브러리를 추가합니다.
7. 센서를 연결하고, 코드를 업로드하여 작동을 확인합니다.

위의 방법을 따라 DHT11 라이브러리를 설치하고, 센서를 사용하여 온도와 습도 값을 읽을 수 있습니다.

결과확인

[라이브러리(책모양 아이콘)]을 클릭 후 "DHT sensor library"를 검색 후 DHT sensor library by Adafruit 라이브러리를 [설치] 버튼을 눌러 설치를 진행합니다.

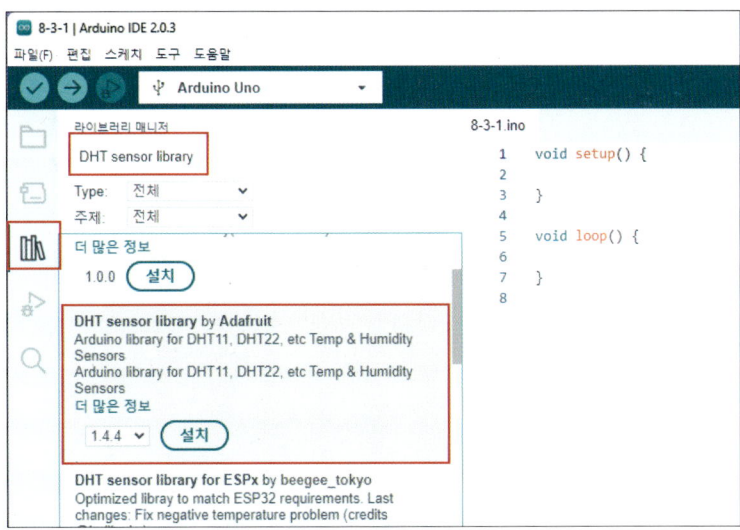

라이브러리 종속성 설치 팝업 창이 나타납니다. [모두 설치]를 눌러 종속된 라이브러리를 함께 설치합니다.

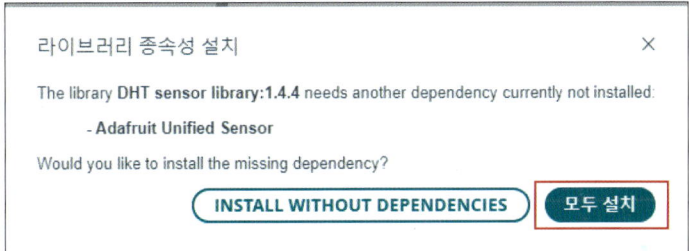

 아두이노의 D2번 핀에 DHT11 온도 습도 센서가 연결되어 있습니다.
온도 습도를 측정하여 1초마다 시리얼통신으로 값을 전송하는 예제 코드를 작성해주세요.

 DHT11 온도, 습도 센서를 사용하여 1초마다 시리얼 통신으로 값을 전송하는 아두이노 코드는 다음과 같습니다.

8-3-1.ino

```
#include <DHT.h>

#define DHTPIN 2          // DHT11 센서 연결 핀
#define DHTTYPE DHT11     // DHT11 사용

DHT dht(DHTPIN, DHTTYPE); // DHT 객체 생성

void setup(){
  Serial.begin(9600);    // 시리얼 통신 속도 설정
  dht.begin();           // DHT11 센서 초기화
```

```
}

void loop(){
  // 온도, 습도 값을 측정합니다.
  float temperature = dht.readTemperature();
  float humidity = dht.readHumidity();

  // 값을 시리얼 통신으로 출력합니다.
  Serial.print("Temperature: ");
  Serial.print(temperature);
  Serial.print(" *C, Humidity: ");

  Serial.print(humidity);
  Serial.println(" %");

  delay(1000);              // 1초 지연
}
//8-3-1
```

센서 핀을 D2 핀으로 설정하고, DHT 객체를 생성한 후 dht.begin() 함수를 호출하여 센서를 초기화합니다. loop() 함수에서는 dht.readTemperature() 및 dht.readHumidity() 함수를 사용하여 온도와 습도 값을 측정하고, Serial.println() 함수를 사용하여 값을 시리얼 통신으로 출력합니다. 마지막으로 delay() 함수를 사용하여 1초 지연을 줍니다.

결과확인

[업로드] 버튼을 눌러 코드를 업로드 한 다음 [시리얼 모니터]를 열어 값을 확인합니다. 온도와 습도값이 1초마다 시리얼 모니터로 전송되어 확인이 가능합니다.

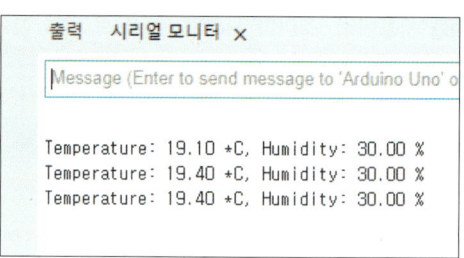

온도와 습도를 이용해서 불쾌지수를 구하는 공식을 알려주세요.

 온도와 습도를 이용하여 불쾌지수를 구하는 공식은 다음과 같습니다.

```
DI = c1 + c2T + c3H + c4TH + c5T^2 + c6H^2 + c7T^2H + c8TH^2 + c9T^2H^2
```

여기서 DI는 불쾌지수(discomfort index)를 나타내며, T는 온도(℃), H는 상대습도(%)를 의미합니다. c1부터 c9까지는 상수값입니다.

공식에 사용되는 상수값은 지역별로 다르기 때문에, 다양한 경우에 대해 정확한 불쾌지수를 계산하려면 해당 지역의 상수값을 참고해야 합니다.

한편, 일반적으로 사용되는 불쾌지수 공식 중 하나는 일본 기상청에서 제안한 공식으로 다음과 같습니다.

```
DI = 0.81T + 0.01H[0.99T - 14.3] + 46.3
```

이 공식에서는 T는 온도(℃), H는 상대습도(%)를 의미합니다. 이 공식을 이용하여 계산한 불쾌지수는 다음과 같은 기준에 따라 불편함의 정도를 판단할 수 있습니다.

- 80 이하: 쾌적함
- 80 ~ 85: 다소 불쾌함을 느낌
- 85 ~ 90: 불쾌함을 느낌
- 90 ~ 95: 매우 불쾌함을 느낌
- 95 이상: 위험한 수준의 불쾌함을 느낌

 위의 공식을 활용하여 온도가 19도 습도가 30%이면 불쾌지수가 얼마인가요?

 온도가 19도, 습도가 30%일 때, 일본 기상청에서 제안한 불쾌지수 공식을 이용하여 불쾌지수를 계산해보면 다음과 같습니다.

```
DI = 0.81T + 0.01H[0.99T - 14.3] + 46.3
   = 0.81 x 19 + 0.01 x 30 [0.99 x 19 - 14.3] + 46.3
   = 15.39 + 0.57 x 4.67 + 46.3
   = 18.72
```

따라서, 온도가 19도, 습도가 30%일 때의 불쾌지수는 약 18.72입니다. 이 값은 쾌적함에 해당하므로, 상대적으로 낮은 불쾌지수를 나타냅니다.

❝ 작가의 한 마디
수식은 맞았으나 불쾌지수는 69.0219 로 15.39 + 0.57 x 4.67 + 46.3 계산의 결과값이 틀렸습니다.

아두이노의 D2번 핀에 DHT11 온도 습도 센서가 연결되어 있습니다.
DI = 0.81T + 0.01H[0.99T − 14.3] + 46.3의 불쾌지수를 구하는 공식을 사용해서 불쾌지수의 값을 시리얼통신으로 전송하는 코드를 작성해주세요.

 DHT11 센서를 사용하여 불쾌지수 값을 계산하고, 시리얼 통신으로 전송하는 아두이노 코드는 다음과 같습니다.

8-3-2.ino

```cpp
#include <DHT.h>

#define DHTPIN 2          // DHT11 센서 연결 핀
#define DHTTYPE DHT11     // DHT11 사용

DHT dht(DHTPIN, DHTTYPE); // DHT 객체 생성

void setup(){
  Serial.begin(9600);    // 시리얼 통신 속도 설정
  dht.begin();           // DHT11 센서 초기화
}

void loop(){
  // 온도, 습도 값을 측정합니다.
  float temperature = dht.readTemperature();
  float humidity = dht.readHumidity();

  // 불쾌지수 값을 계산합니다.
  float DI = 0.81 * temperature + 0.01 * humidity * (0.99 * temperature - 14.3) + 46.3;

  // 값을 시리얼 통신으로 출력합니다.
  Serial.print("Temperature: ");
  Serial.print(temperature);
  Serial.print(" *C, Humidity: ");

  Serial.print(humidity);
  Serial.print("%, DI: ");
  Serial.println(DI);

  delay(1000);           // 1초 지연
}
//8-3-2
```

센서 핀을 D2 핀으로 설정하고, DHT 객체를 생성한 후 dht.begin() 함수를 호출하여 센서를 초기화합니다. loop() 함수에서는 dht.readTemperature() 및 dht.readHumidity() 함수를 사용하여 온

도와 습도 값을 측정하고, 계산된 불쾌지수를 Serial.println() 함수를 사용하여 시리얼 통신으로 출력합니다. 마지막으로 delay() 함수를 사용하여 1초 지연을 줍니다.

결과확인

[업로드] 버튼을 눌러 코드를 업로드 한 다음 [시리얼 모니터]를 열어 값을 확인합니다.
DI의 불쾌지수까지 함께 출력되었습니다.

```
출력    시리얼 모니터  ×

Message (Enter to send message to 'Arduino Uno' on 'COM6')

Temperature: 19.40 *C, Humidity: 30.00%, DI: 63.49
Temperature: 19.40 *C, Humidity: 30.00%, DI: 63.49
Temperature: 19.40 *C, Humidity: 30.00%, DI: 63.49
Temperature: 19.40 *C, Humidity: 30.00%, DI: 63.49
```

아두이노의 D2번 핀에 DHT11 온도 습도 센서가 연결되어 있습니다.
RGB LED의 빨간색은 D5, 녹색은 D6, 파란색은 D11핀에 연결되어 있습니다.
DI = 0.81T + 0.01H[0.99T – 14.3] + 46.3 의 불쾌지수를 구하는 공식을 사용해서 불쾌지수를 구하고 불쾌지수가 90이상이면 빨간색, 81에서 89사이면 파란색, 80이하이면 녹색을 RGB LED에 표시하는 코드를 작성해주세요.

DHT11 센서를 사용하여 불쾌지수 값을 계산하고, 불쾌지수에 따라 RGB LED를 제어하는 아두이노 코드는 다음과 같습니다.

8-3-3.ino

```cpp
#include <DHT.h>

#define DHTPIN 2          // DHT11 센서 연결 핀
#define DHTTYPE DHT11     // DHT11 사용

#define REDPIN 5          // 빨간색 LED 연결 핀
#define GREENPIN 6        // 녹색 LED 연결 핀
#define BLUEPIN 11        // 파란색 LED 연결 핀

DHT dht(DHTPIN, DHTTYPE);  // DHT 객체 생성

void setup(){
  Serial.begin(9600);     // 시리얼 통신 속도 설정
  dht.begin();            // DHT11 센서 초기화

  pinMode(REDPIN, OUTPUT);
  pinMode(GREENPIN, OUTPUT);
```

```
    pinMode(BLUEPIN, OUTPUT);
}

void loop(){
    // 온도, 습도 값을 측정합니다.
    float temperature = dht.readTemperature();
    float humidity = dht.readHumidity();

    // 불쾌지수 값을 계산합니다.
    float DI = 0.81 * temperature + 0.01 * humidity * (0.99 * temperature - 14.3) + 46.3;

    // 불쾌지수에 따라 LED를 제어합니다.
    if (DI >= 90){
        // 빨간색
        digitalWrite(REDPIN, HIGH);
        digitalWrite(GREENPIN, LOW);
        digitalWrite(BLUEPIN, LOW);
    }else if (DI >= 81){
        // 파란색
        digitalWrite(REDPIN, LOW);
        digitalWrite(GREENPIN, LOW);
        digitalWrite(BLUEPIN, HIGH);
    }
    else {
        // 녹색
        digitalWrite(REDPIN, LOW);
        digitalWrite(GREENPIN, HIGH);
        digitalWrite(BLUEPIN, LOW);
    }

    // 값을 시리얼 통신으로 출력합니다.
    Serial.print("Temperature: ");
    Serial.print(temperature);
    Serial.print(" *C, Humidity: ");
    Serial.print(humidity);
    Serial.print("%, DI: ");
    Serial.println(DI);

    delay(1000);        // 1초 지연
}//8-3-3
```

센서 핀을 D2 핀으로 설정하고, DHT 객체를 생성한 후 dht.begin() 함수를 호출하여 센서를 초기화합니다. 빨간색, 녹색, 파란색 LED를 각각 D5, D6, D11 핀에 연결하고, pinMode() 함수를 사용하여 출력 모드로 설정합니다. loop() 함수에서는 dht.readTemperature() 및 dht.readHumidity() 함수를 사용하여 온도와 습도 값을 측정하고, 계산된 불쾌지수에 따라 LED를 제어합니다. 마지막으로 delay() 함수를 사용하여 1초 지연을 줍니다.

결과확인

[업로드] 버튼을 눌러 코드를 업로드 한 다음 [시리얼 모니터]를 열어 값을 확인합니다. 시리얼 모니터에 온도, 습도, 불쾌지수가 표시됩니다.

불쾌지수에 따라서 LED의 색상이 표시되었습니다.

CHAPTER 09

표시장치 및 액추에이터

FND(TM1637)

I2C LCD

도트매트릭스

서보모터

01 FND(TM1637)

FND 정의

FND는 "Flexible Numeric Display"의 약자로, 디지털 수치를 표시하기 위한 전광성 수치 디스플레이 기술입니다. FND는 일반적으로 7개의 세그먼트로 구성되어 있으며, 각각의 세그먼트는 문자나 숫자 등의 요소를 나타내는 데 사용됩니다.

FND는 간단하면서도 직관적인 방식으로 숫자나 문자를 표시할 수 있기 때문에, 많은 디지털 기기에서 사용됩니다. 예를 들어, 디지털 시계나 계산기 등에서 FND가 사용되며, 최근에는 아두이노와 같은 마이크로컨트롤러를 사용한 전자 제품에서도 널리 사용됩니다. 4자리 FND는, 4개의 세그먼트로 이루어진 4개의 숫자를 동시에 표시할 수 있는 FND입니다.

TM1637은 일종의 디지털 표시용 IC 칩으로, 4자리 FND를 제어하는 데 사용됩니다. 이 칩은 높은 성능과 저전력 소비, 저비용의 특징을 가지고 있으며, 아두이노와 같은 마이크로컨트롤러와 함께 사용할 수 있도록 설계되어 있습니다.

TM1637은 I2C 프로토콜을 사용하여 마이크로컨트롤러와 통신합니다. 이 칩은 4자리 FND의 각 세그먼트를 제어할 수 있는 GPIO 핀을 가지고 있으며, 이 핀을 사용하여 각 자리의 숫자나 문자 등을 표시할 수 있습니다.

TM1637 칩은 내부적으로 16개의 세그먼트를 가지고 있으며, 숫자와 알파벳, 그리고 몇 가지 특수 문자를 표시할 수 있습니다. 이 칩은 밝기 조절 기능도 지원하며, 다양한 밝기 설정이 가능합니다.

아두이노와 같은 마이크로컨트롤러에서 TM1637을 사용하려면, TM1637 라이브러리를 다운로드하고, 이를 사용하여 각 자리의 숫자나 문자를 표시하면 됩니다. 이를 통해 간단한 디지털 시계나 계산기 등을 제작할 수 있습니다.

사용부품

아래의 부품을 준비합니다.

부품명	수량
TM1637 FND 모듈	1개
가변저항	1개
수-수 점퍼케이블	5개
암-수 점퍼케이블	4개

회로연결

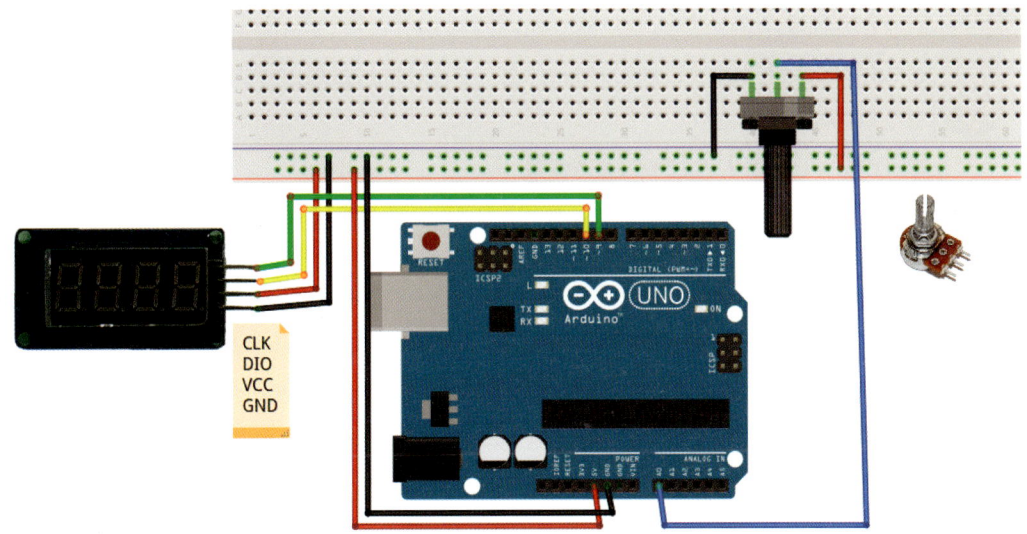

다음과 같이 FND와 가변저항을 아두이노에 연결합니다.

부품	아두이노
FND TM1637 CLK	D9
FND TM1637 DIO	D10
FND TM1637 VCC	5V
FND TM1637 GND	GND
가변저항 가운데핀	A0

인공지능 쉴드를 사용하는 경우 다음의 위치에 FND와 가변저항이 있습니다.

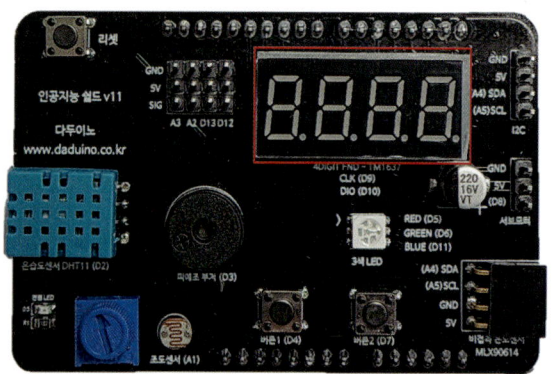

실습하기

 아두이노의 라이브러리 매니저에서 TM1637를 사용해서 FND를 제어하기 위한 라이브러리의 설치방법을 알려주세요.

라이브러리는 TM1637TinyDisplay을 사용합니다.

 TM1637TinyDisplay 라이브러리를 설치하려면 다음 단계를 따르세요.

❶ 아두이노 IDE를 열고, 상단 메뉴에서 "Sketch(Sketchbook) > Include Library > Manage Libraries…"를 선택합니다.

❷ 라이브러리 관리자 창이 열리면, 검색 상자에 "TM1637TinyDisplay"를 입력하고, 검색 버튼을 클릭합니다.

❸ 검색 결과에서 "TM1637TinyDisplay"를 찾고, 우측에 있는 "Install" 버튼을 클릭합니다.

❹ 설치가 완료되면, "Installed"로 변경된 것을 확인할 수 있습니다.

결과확인

라이브러리 매니저에서 "TM1637TinyDisplay"를 검색 후 TM1637TinyDisplay 라이브러리를 설치합니다.

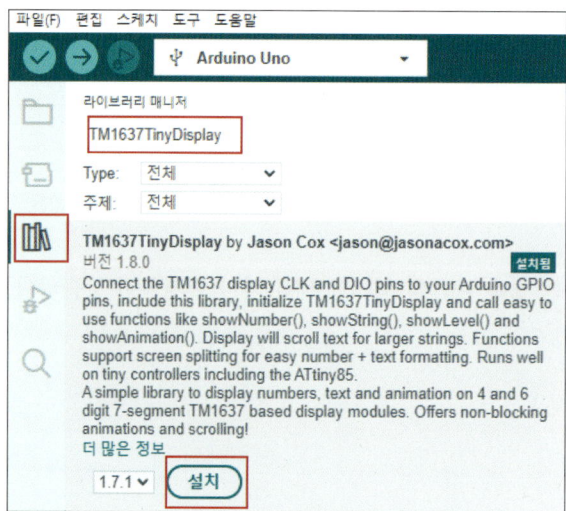

TM1637의 CLK 핀은 D9, DIO핀은 D10번 핀에 연결되어 있습니다.
TM1637TinyDisplay 라이브러리를 사용해서 FND를 사용하는 예제 코드를 작성해주세요.

 TM1637TinyDisplay 라이브러리를 사용하여 4자리 FND를 제어하는 예제 코드를 작성해보겠습니다. CLK 핀을 D9, DIO 핀을 D10에 연결했다고 가정합니다.

9-1-1.ino

```cpp
#include <TM1637TinyDisplay.h>

// CLK 핀은 D9, DIO 핀은 D10에 연결되어 있음
#define CLK_PIN 9
#define DIO_PIN 10

// TM1637TinyDisplay 객체 생성
TM1637TinyDisplay display(CLK_PIN, DIO_PIN);

void setup(){
  // 디스플레이 초기화
  display.begin();

  // 밝기 설정 (0~7)
  display.setBrightness(7);
}

void loop(){
  // 숫자 표시
  display.showNumberDec(1234);
  delay(1000);

  // 문자 표시
  display.showString("AbCd");
  delay(1000);

  // 특수 문자 표시
  display.showString("*-/*");
  delay(1000);

  // 공백 표시
  display.clear();
  delay(1000);
}
//9-1-1
```

위 코드에서는 TM1637TinyDisplay 라이브러리를 사용하여 4자리 FND를 제어합니다. setup() 함수에서는 디스플레이 초기화를 수행하고, 밝기를 7로 설정합니다. loop() 함수에서는 각각의 자리에

숫자, 문자, 특수 문자, 그리고 공백을 표시하는 코드를 순서대로 실행합니다. 각각의 표시는 1초 동안 지속되며, 이후 공백으로 초기화됩니다. 이 코드를 아두이노에 업로드하고, FND가 제대로 표시되는지 확인해보세요.

> **작가의 한 마디**
> display.clearDisplay(); 라는 코드부분의 에러가 발생하여 display.clear();로 변경하였습니다.

결과확인

[▶ 업로드] 버튼을 눌러 코드를 업로드합니다.
TM1637TinyDisplay 라이브러리를 이용하여 FND에 숫자, 문자, 특수문자를 표시하는 예제 코드를 실행하였습니다.

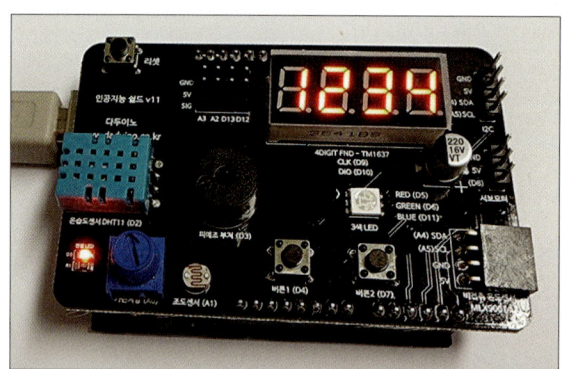

 TM1637의 CLK 핀은 D9, DIO핀은 D10번 핀에 연결되어 있고, TM1637TinyDisplay 라이브러리를 사용해서 FND를 사용하고 있습니다.
0.1초마다 FND의 숫자가 1씩 증가하는 코드를 작성해주세요.

 TM1637TinyDisplay 라이브러리를 사용하여 4자리 FND를 0.1초마다 숫자가 1씩 증가하도록 제어하는 예제 코드를 작성해보겠습니다. CLK 핀을 D9, DIO 핀을 D10에 연결했다고 가정합니다.

9-1-2.ino

```
#include <TM1637TinyDisplay.h>

// CLK 핀은 D9, DIO 핀은 D10에 연결되어 있음
#define CLK_PIN 9
#define DIO_PIN 10

// TM1637TinyDisplay 객체 생성
TM1637TinyDisplay display(CLK_PIN, DIO_PIN);

// 현재 표시할 숫자
int number = 0;
```

```
void setup(){
  // 디스플레이 초기화
  display.begin();

  // 밝기 설정 (0~7)
  display.setBrightness(7);
}

void loop(){
  // 현재 숫자를 FND에 표시
  display.showNumberDec(number);

  // 숫자 증가
  number++;

  // 0.1초 지연
  delay(100);
}
//9-1-2
```

위 코드에서는 TM1637TinyDisplay 라이브러리를 사용하여 4자리 FND를 제어합니다. setup() 함수에서는 디스플레이 초기화를 수행하고, 밝기를 7로 설정합니다. loop() 함수에서는 현재 숫자를 FND에 표시하고, 숫자를 1씩 증가시키며, 0.1초 동안 지연시킵니다. 이렇게 하면 FND에는 0.1초마다 숫자가 1씩 증가하는 것을 볼 수 있습니다. 이 코드를 아두이노에 업로드하고, FND가 제대로 표시되는지 확인해보세요.

결과확인

[업로드] 버튼을 눌러 코드를 업로드 합니다.
0.1초마다 FND의 숫자가 1씩 증가하여 표시됩니다.

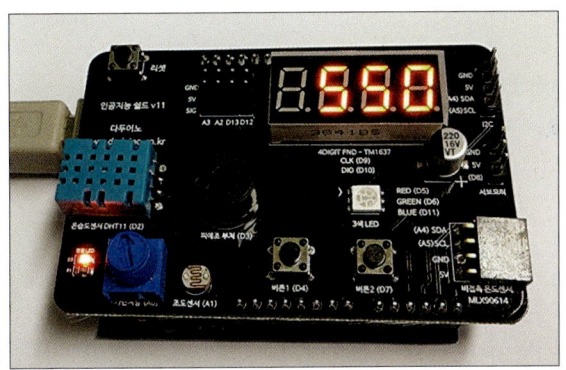

TM1637의 CLK 핀은 D9, DIO핀은 D10번 핀에 연결되어 있어, 가변저항은 A0번 핀에 연결되어 있습니다. TM1637TinyDisplay 라이브러리를 사용해서 가변저항의 값이 FND에 표시되는 코드를 작성해주세요.

 TM1637TinyDisplay 라이브러리를 사용하여 4자리 FND를 제어하고, 가변저항의 값이 FND에 표시되는 예제 코드를 작성해보겠습니다. CLK 핀을 D9, DIO 핀을 D10에 연결하고, 가변저항은 A0에 연결했다고 가정합니다.

9-1-3.ino

```cpp
#include <TM1637TinyDisplay.h>

// CLK 핀은 D9, DIO 핀은 D10에 연결되어 있음
#define CLK_PIN 9
#define DIO_PIN 10

// 가변저항 핀은 A0에 연결되어 있음
#define POT_PIN A0

// TM1637TinyDisplay 객체 생성
TM1637TinyDisplay display(CLK_PIN, DIO_PIN);

void setup(){
  // 디스플레이 초기화
  display.begin();

  // 밝기 설정 (0~7)
  display.setBrightness(7);
}

void loop(){
  // 가변저항 값 읽기 (0~1023)
  int potValue = analogRead(POT_PIN);

  // 가변저항 값으로 4자리 숫자 생성
  int displayValue = map(potValue, 0, 1023, 0, 9999);

  // FND에 표시
  display.showNumberDec(displayValue);

  // 0.1초 지연
  delay(100);
}
//9-1-3
```

위 코드에서는 TM1637TinyDisplay 라이브러리를 사용하여 4자리 FND를 제어합니다. CLK 핀을 D9, DIO 핀을 D10에 연결하고, 가변저항은 A0에 연결했습니다. setup() 함수에서는 디스플레이 초

기화를 수행하고, 밝기를 7로 설정합니다. loop() 함수에서는 가변저항의 값을 읽고, 이 값을 0~9999 범위의 숫자로 매핑하여 FND에 표시합니다. 이렇게 하면 FND에는 가변저항의 값이 표시되는 것을 볼 수 있습니다. 이 코드를 아두이노에 업로드하고, FND가 제대로 표시되는지 확인해보세요.

결과확인

[업로드] 버튼을 눌러 코드를 업로드 합니다.

가변저항에서 디지털로 읽은 값 0~1023의 값을 0~9999의 값으로 변환하여 FND에 표시되었습니다.

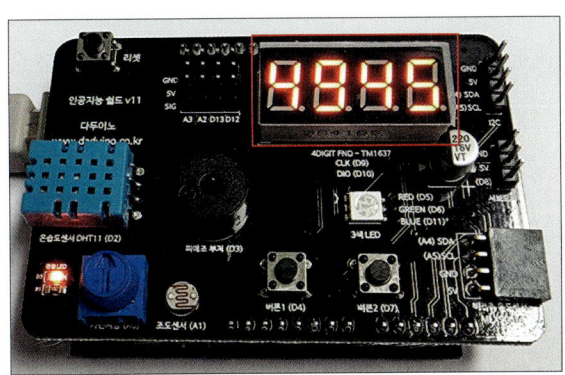

02 I2C LCD

I2C LCD 정의

I2C LCD는 I2C (Inter-Integrated Circuit) 버스를 통해 통신하는 LCD (Liquid Crystal Display) 모듈입니다. I2C는 두 개의 데이터 선 (SDA, SCL)를 사용하여 여러 디바이스를 연결하는 직렬 통신 프로토콜입니다. I2C LCD 모듈은 이러한 I2C 인터페이스를 사용하여 마이크로컨트롤러나 아두이노 등의 장치와 통신하며, LCD에 문자나 그래픽 등을 출력하는 데 사용됩니다.

I2C LCD 모듈은 보통 HD44780 컨트롤러를 사용하여 제어되며, 16x2 또는 20x4와 같은 다양한 크기의 LCD를 지원합니다. I2C LCD 모듈은 별도의 드라이버나 컨트롤러가 필요 없으므로 쉽게 사용할 수 있으며, 아두이노와 같은 마이크로컨트롤러를 사용하여 프로그래밍할 수 있습니다. I2C LCD 모듈을 사용하면 마이크로컨트롤러가 다른 작업을 수행하면서 동시에 LCD에 데이터를 출력할 수 있으므로 시스템의 성능을 향상시킬 수 있습니다.

사용부품

아래의 부품을 준비합니다.

부품명	수량
I2C LCD	1개
암-수 점퍼케이블	4개
수-수 점퍼케이블	6개

회로연결

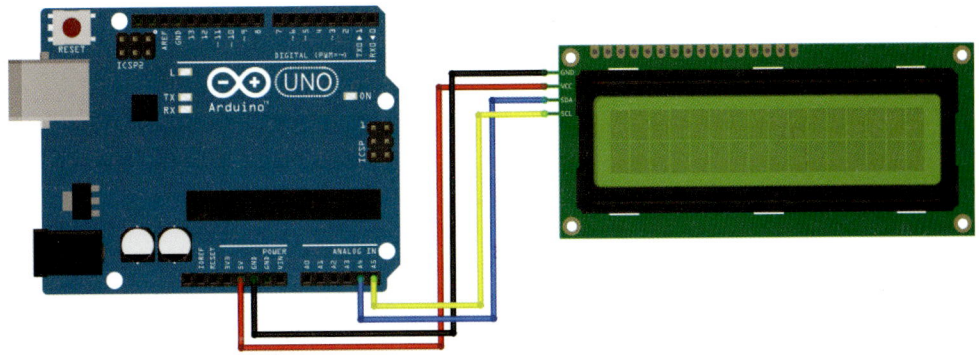

다음과 같이 I2C LCD를 아두이노에 연결합니다.

부품	아두이노
I2C LCD GND	GND
I2C LCD VCC	VCC
I2C LCD SDA	A4
I2C LCD SCL	A5

인공지능 쉴드를 사용하는 경우 I2C 커넥터를 이용하여 LCD와 연결합니다.

실습하기

 아두이노에서 I2C LCD를 사용하기위한 라이브러리의 설치방법을 알려주세요.

 아두이노에서 I2C LCD를 사용하기 위해서는 LiquidCrystal_I2C 라이브러리를 설치해야 합니다. 이 라이브러리는 I2C 통신을 사용하여 LCD 모듈을 제어하는 데 필요한 함수와 구조체를 제공합니다. 아래는 LiquidCrystal_I2C 라이브러리를 설치하는 방법입니다.
❶ 아두이노 IDE를 실행합니다.
❷ 메뉴 바에서 "스케치"를 선택하고 "라이브러리 포함하기"를 선택합니다.
❸ "라이브러리 관리..."를 선택합니다.
❹ 검색 창에 "LiquidCrystal_I2C"를 입력합니다.
❺ LiquidCrystal_I2C 라이브러리를 찾아서 "설치" 버튼을 클릭합니다.
❻ 설치가 완료되면 "완료" 메시지가 표시됩니다.

결과확인

[라이브러리(책모양 아이콘)]을 클릭 후 "LiquidCrystal_I2C"를 검색 후 LiquidCrystal I2C 라이브러리를 [설치] 버튼을 눌러 설치를 진행합니다.

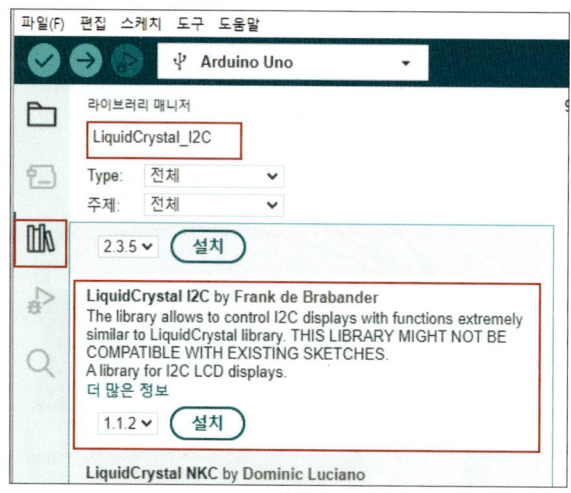

1602 I2C LCD를 사용하기 위한 예제 코드를 작성해주세요.

 1602 I2C LCD 모듈을 사용하는 예제 코드는 다음과 같습니다. 이 코드는 I2C 주소가 0x27인 1602 LCD 모듈을 초기화하고 "Hello, World!"와 "I2C LCD"를 번갈아가며 표시합니다.

9-2-1.ino

```
#include <Wire.h>
#include <LiquidCrystal_I2C.h>

// I2C 주소는 LiquidCrystal_I2C 객체를 생성할 때 사용됩니다.
// 주소는 I2C 스캐너를 사용하여 확인할 수 있습니다.
LiquidCrystal_I2C lcd(0x27, 16, 2); // 주소 0x27, 16x2 LCD 모듈

void setup(){
  lcd.init();                       // 초기화
  lcd.backlight();                  // 백라이트 켜기

  lcd.print("Hello, World!");       // 문자열 출력
  delay(2000);                      // 2초 대기

  lcd.clear();                      // 화면 지우기
}

void loop(){
  lcd.setCursor(0, 0);              // 첫 번째 줄의 첫 번째 열로 커서 이동
  lcd.print("I2C LCD");             // 문자열 출력
  delay(1000);                      // 1초 대기

  lcd.clear();                      // 화면 지우기

  lcd.setCursor(0, 1);              // 두 번째 줄의 첫 번째 열로 커서 이동
  lcd.print("Hello, World!");       // 문자열 출력
  delay(1000);                      // 1초 대기

  lcd.clear();                      // 화면 지우기
}
//9-2-1
```

위 코드에서는 LiquidCrystal_I2C 라이브러리를 사용하여 1602 I2C LCD 모듈을 제어합니다. setup() 함수에서는 모듈을 초기화하고 "Hello, World!"를 출력하고 2초 동안 대기한 후 화면을 지웁니다. 이후 loop() 함수에서는 "I2C LCD"와 "Hello, World!"를 번갈아가며 표시하며, 각 출력 후 1초 동안 대기합니다. 코드를 업로드하면 LCD 모듈에 "Hello, World!"와 "I2C LCD"가 번갈아가며 표시됩니다.

결과확인

[ 업로드] 버튼을 눌러 코드를 업로드합니다.

I2C LCD와 Hello, World! 글자가 번갈아 가면서 I2C LCD에 표시됩니다.

 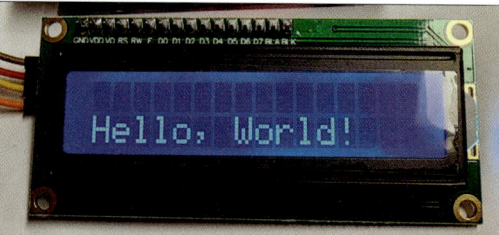

💡 TIP LCD의 글자가 잘보이게 하는 방법

글자 뒤에 뿌옇게 나오거나

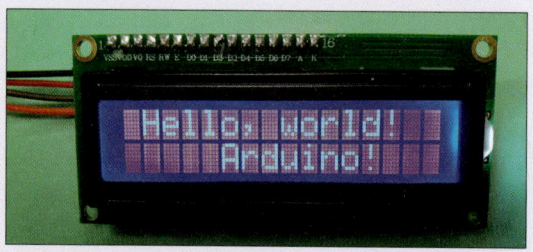

글자가 흐릿하게 나온다면

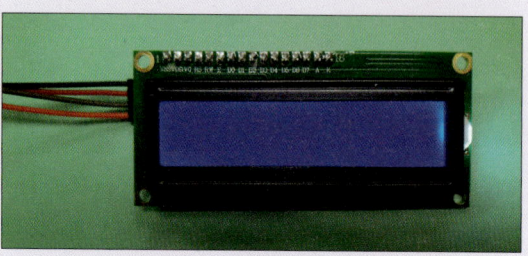

LCD 뒷면에 가변저항을 드라이버로 돌려 글자가 잘 나오게 확인합니다.

I2C 스캐너를 사용해서 I2C LCD의 주소를 찾는 코드를 작성해주세요.

 I2C 스캐너는 I2C 버스에 연결된 모든 디바이스의 주소를 찾아주는 도구입니다. 아래 코드는 Wire 라이브러리를 사용하여 I2C 스캐너를 구현한 예제입니다.

9-2-2.ino

```
#include <Wire.h>

void setup(){
Serial.begin(9600);
  Wire.begin();

  while (!Serial); // 시리얼 모니터가 준비될 때까지 대기합니다.
}

void loop(){
  byte error, address;
  int nDevices;

  Serial.println("Scanning...");

  nDevices = 0;

  for (address = 1; address < 127; address++){
    // I2C 디바이스가 응답하는지 확인합니다.
    Wire.beginTransmission(address);

    error = Wire.endTransmission();

    if (error == 0){
      Serial.print("I2C device found at address 0x");

      if (address < 16){
        Serial.print("0");
      }

      Serial.print(address, HEX);
      Serial.println(" !");
      nDevices++;

    }
    else if (error == 4){
      Serial.print("Unknown error at address 0x");

      if (address < 16){
```

```
          Serial.print("0");
        }
        Serial.println(address, HEX);
        
      }
    }

    if (nDevices == 0){
      Serial.println("No I2C devices found");
    }
    else {
      Serial.println("Scan complete");
    }

    delay(5000); // 5초마다 스캔을 반복합니다.
}
//9-2-2
```

위 코드에서는 setup() 함수에서 시리얼 통신을 초기화하고, Wire 라이브러리를 사용하여 I2C 버스를 초기화합니다. loop() 함수에서는 I2C 주소 1부터 127까지 순서대로 디바이스가 응답하는지 확인하며, 응답이 있는 디바이스의 주소를 시리얼 모니터에 출력합니다. 마지막으로 5초마다 스캔을 반복합니다.

코드를 업로드하면 시리얼 모니터에서 I2C 주소를 확인할 수 있습니다. LCD 모듈의 주소는 일반적으로 0x27 또는 0x3F입니다. 따라서 출력 결과에서 0x27 또는 0x3F가 나타나면, 해당 주소가 LCD 모듈의 주소일 가능성이 높습니다.

결과확인

[🔼 업로드] 버튼을 눌러 코드를 업로드 한 다음 [🔍 시리얼 모니터]를 열어 값을 확인합니다. 0x27의 주소가 출력되었습니다. 또는 0x3F의 주소를 가진 I2C LCD도 있으니 LCD가 동작하지 않는다면 스캐너를 이용하여 주소를 찾은 다음 찾은 주소를 입력하여 I2C LCD를 동작시킵니다.

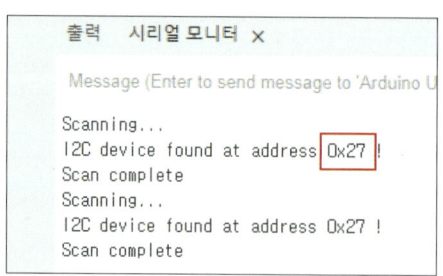

03 도트매트릭스

도트매트릭스 정의

도트매트릭스는 LED 또는 LCD 등의 픽셀화된 작은 점들로 구성된 일종의 디스플레이입니다. 이러한 도트매트릭스는 하나의 픽셀에 대응하는 LED나 LCD 등의 화소를 조작하여 이미지나 글자를 표시할 수 있습니다. 도트매트릭스는 일반적으로 5x7, 8x8, 16x16 등의 크기로 만들어져 있으며, 이들 픽셀을 ON/OFF하여 다양한 그래픽 패턴을 생성할 수 있습니다. 이러한 특징으로 인해 도트매트릭스는 디지털 아트, 실내 장식, 광고, 게임 등의 분야에서 활용됩니다.

사용부품

아래의 부품을 준비합니다.

부품명	수량
도트매트릭스 MAX7219 모듈	1개
암-수 점퍼케이블	5개

회로연결

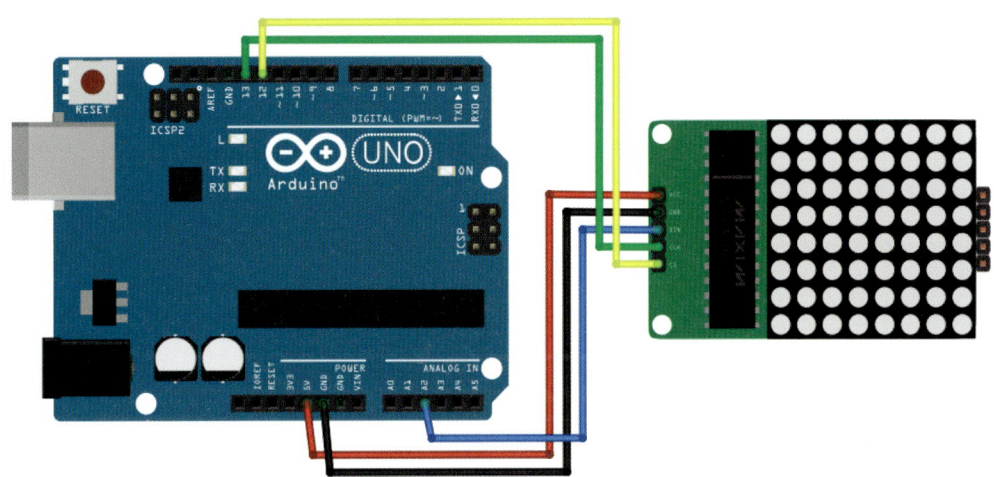

다음과 같이 도트매트릭스 MAX7219를 아두이노에 연결합니다.

※도트매트릭스 MAX7219모듈은 핀번호가 다양한 모듈이 존재하니 모듈의 핀이름을 확인 후 연결합니다.

부품	아두이노
도트매트릭스 MAX7219 VCC	5V
도트매트릭스 MAX7219 GND	GND
도트매트릭스 MAX7219 DIN	A2
도트매트릭스 MAX7219 CS	13
도트매트릭스 MAX7219 CLK	12

인공지능 쉴드를 사용하는 경우 암-암 커넥터를 이용하여 도트매트릭스 모듈과 연결합니다.

실습하기

 max7219를 사용해서 8x8 도트매트릭스를 제어할 것입니다. 라이브러리를 추천해주고 설치방법을 알려주세요.

 max7219를 사용하여 8x8 도트매트릭스를 제어하는 것은 재미있는 프로젝트입니다. Arduino에서 max7219을 제어하기 위해서는 대표적으로 "LedControl" 라이브러리가 사용됩니다.

아래는 "LedControl" 라이브러리를 설치하는 방법입니다.

❶ Arduino IDE를 실행하고 "Sketch" 메뉴에서 "Include Library" 〉 "Manage Libraries..." 를 선택합니다.

❷ "Library Manager" 창에서 "LedControl"을 검색하고, 검색 결과에서 "LedControl by Eberhard Fahle" 라이브러리를 찾습니다.

❸ "LedControl by Eberhard Fahle" 라이브러리를 선택하고 "Install" 버튼을 클릭합니다.

❹ 라이브러리가 설치되면, "File" 〉 "Examples" 〉 "LedControl" 메뉴에서 예제 코드를 확인할 수 있습니다.

결과확인

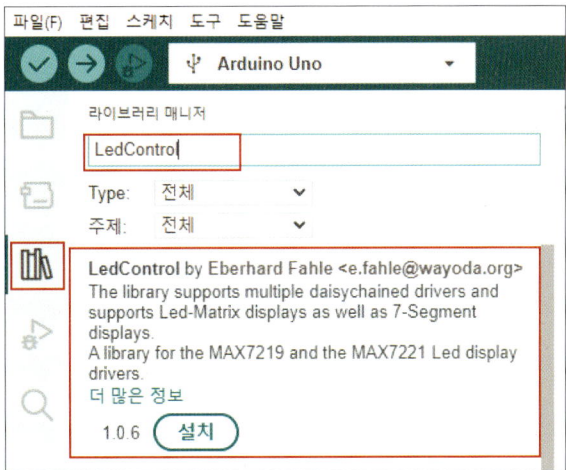

 LedControl 라이브러리를 이용해서 8x8 도트매트릭스를 제어할 것이고, CLK 핀은 D12, CS핀은 D13, DIN핀은 A2번 핀에 연결되어 있습니다.
도트매트릭스에 하트를 출력하는 예제 코드를 작성해주세요.

 도트매트릭스에 하트를 출력하는 예제 코드는 다음과 같습니다. 이 예제 코드는 LedControl 라이브러리를 사용하고, CLK 핀이 12번, CS 핀이 13번, DIN 핀이 A2번으로 연결된 8x8 도트매트릭스에 하트 모양을 표시합니다.

9-3-1.ino

```
#include <LedControl.h>

// CLK, CS, DIN 핀 번호
const int CLK_PIN = 12;
const int CS_PIN = 13;
const int DIN_PIN = A2;

// 도트매트릭스 인스턴스 생성
LedControl lc = LedControl(DIN_PIN, CLK_PIN, CS_PIN, 1);

// 하트 패턴
byte heart[8] = {
  0b01100110,
  0b11111111,
  0b11111111,
  0b11111111,
  0b01111110,
  0b00111100,
  0b00011000,
  0b00000000
```

```
};

void setup(){
  // max7219 초기화
  lc.shutdown(0, false);
  lc.setIntensity(0, 8);
  lc.clearDisplay(0);

  // 하트 패턴 설정
  for (int i = 0; i < 8; i++){
    lc.setRow(0, i, heart[i]);
  }
}

void loop(){
  // 하트 패턴 표시
  delay(1000);
}
//9-3-1
```

위 예제 코드에서 heart 배열에 하트 모양의 패턴을 저장합니다. 이 패턴은 setup() 함수에서 lc.setRow() 함수를 사용하여 도트매트릭스에 설정됩니다. loop() 함수에서는 도트매트릭스에 표시된 하트 모양을 계속해서 보여줍니다.

위 예제 코드를 아두이노에 업로드하고 도트매트릭스에 전원을 공급하면 하트 모양이 나타납니다.

결과확인

[업로드] 버튼을 눌러 코드를 업로드 합니다.

하트가 표시되었습니다.

LedControl 라이브러리를 이용해서 8x8 도트매트릭스를 제어할거고, CLK 핀은 D12, CS핀은 D13, DIN 핀은 A2번 핀에 연결되어 있습니다.
도트매트릭스에 하트가 움직이는 코드를 작성해주세요.

 아래는 LedControl 라이브러리를 사용하여 8x8 도트매트릭스에 하트가 움직이는 예제 코드입니다. CLK 핀이 12번, CS 핀이 13번, DIN 핀이 A2번으로 연결되어 있다고 가정합니다.

9-3-2.ino

```
#include <LedControl.h>

// CLK, CS, DIN 핀 번호
const int CLK_PIN = 12;
const int CS_PIN = 13;
const int DIN_PIN = A2;

// 도트매트릭스 인스턴스 생성
LedControl lc = LedControl(DIN_PIN, CLK_PIN, CS_PIN, 1);

// 하트 패턴
byte heart[8] = {
  0b01100110,
  0b11111111,
  0b11111111,
  0b11111111,
  0b01111110,
  0b00111100,
  0b00011000,
  0b00000000
};

void setup(){
  // max7219 초기화
  lc.shutdown(0, false);
  lc.setIntensity(0, 8);
  lc.clearDisplay(0);
}

void loop(){
  // 하트 모양이 왼쪽에서 오른쪽으로 이동하며 표시되도록 함
  for (int col = -7; col < 8; col++){
    lc.clearDisplay(0);

    for (int i = 0; i < 8; i++){
      if (col + i >= 0 && col + i < 8){
        lc.setRow(0, i, heart[col + i]);
      }
    }
    delay(100);
  }
}
//9-3-2
```

위 예제 코드에서는 loop() 함수에서 하트 모양을 왼쪽에서 오른쪽으로 이동하도록 합니다. 이를 위해 for 문을 사용하여 8개의 열을 표시하는데, col 변수를 이용하여 이동할 열의 위치를 조절합니다. if 문을 사용하여 현재 열의 위치와 하트 패턴 배열의 인덱스를 비교하여, 현재 열에 표시할 픽셀이 있는지 확인합니다. 픽셀이 있으면 lc.setRow() 함수를 사용하여 해당 위치에 픽셀을 표시합니다.

위 예제 코드를 아두이노에 업로드하고 도트매트릭스에 전원을 공급하면 하트 모양이 왼쪽에서 오른쪽으로 이동하면서 움직입니다.

결과확인

[업로드] 버튼을 눌러 코드를 업로드 합니다.
하트가 도트매트릭스에서 움직이면서 동작합니다.

04 서보모터

서보모터 정의

서보 모터는 작은 전기 모터로, 일반적으로 RC(Radio-Controlled) 모형, 로봇, 자동화 장치 등에서 사용됩니다. 서보 모터는 원하는 위치로 정확하게 움직일 수 있으며, 보통 0도에서 180도까지 회전할 수 있습니다. 이 모터는 기본적으로 위치 제어 기능이 내장되어 있으며, 아날로그 또는 디지털 입력 신호를 통해 목표 위치를 설정할 수 있습니다.

서보 모터의 주요 구성 요소는 모터, 기어, 위치 피드백 장치 및 제어 회로로 구성됩니다. 위치 피드백 장치는 일반적으로 포텐시오미터 또는 엔코더와 같은 장치를 사용하여 현재 위치를 측정합니다. 제어 회로는 목표 위치와 현재 위치를 비교하여 모터를 제어하고, 정확한 위치 제어를 가능하게 합니다.

아두이노와 같은 마이크로컨트롤러는 서보 모터를 쉽게 제어할 수 있습니다. 일반적으로 서보 모터를 제어하기 위해서는 특정 라이브러리를 사용하거나, PWM(Pulse Width Modulation) 신호를 생성하여 제어할 수 있습니다.

사용부품

아래의 부품을 준비합니다.

부품명	수량
서보모터 SG90	1개
가변저항	1개
수-수 점퍼케이블	8개

회로연결

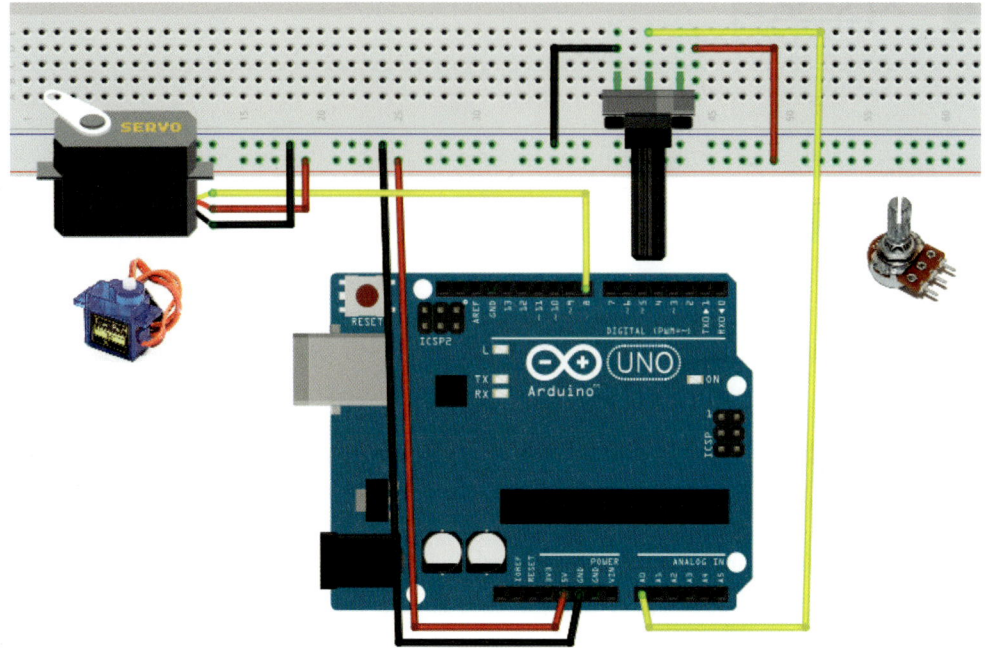

다음과 같이 서보모터와 가변저항을 아두이노에 연결합니다.

부품	아두이노
서보모터 주황색 SIG핀	D8
가변저항 가운데 핀	A0
수-수 점퍼케이블	8개

인공지능 쉴드를 사용하는 경우 서보모터는 서보모터 커넥터에 바로 연결가능합니다. 가변저항은 왼쪽 아래부분에 위치하고 있습니다.

실습하기

아두이노에서 서보모터는 8번 핀에 연결되어 있습니다.
서보모터를 제어하는 코드를 작성해주세요.

아래는 아두이노에서 서보 모터를 제어하는 예시 코드입니다. 이 코드에서는 Servo 라이브러리를 사용하여 서보 모터를 제어합니다. 이 예제 코드는 서보 모터를 0도부터 180도까지 10도 간격으로 회전시키는 간단한 예시입니다.

9-4-1.ino
```
#include <Servo.h>   //Servo 라이브러리 사용

Servo myservo;       //Servo 객체 생성

void setup(){
  myservo.attach(8);  //서보 모터를 8번 핀에 연결
}

void loop(){
  for (int i = 0; i <= 180; i += 10){  //0도부터 180도까지 10도씩 증가
    myservo.write(i);   //서보 모터를 i도로 회전
    delay(1000);        //1초 대기
  }
}
//9-4-1
```

위 코드를 작성하여 아두이노 보드에 업로드하면, 서보 모터가 0도에서 180도까지 회전합니다. 이 코드에서 Servo.h 라이브러리를 사용하여 Servo 객체를 생성하고, attach() 함수를 사용하여 서보 모터를 8번 핀에 연결합니다. 그리고 write() 함수를 사용하여 서보 모터를 원하는 각도로 회전시키며, delay()함수를 사용하여 회전 후 1초 대기합니다.

위 코드를 참고하여 서보 모터를 원하는 방향과 속도로 제어할 수 있습니다. 단, 서보 모터를 연결할 핀 번호와 회전하는 방향 및 각도 등은 실제 회로와 맞추어야 합니다.

결과확인

[업로드] 버튼을 눌러 코드를 업로드 합니다.
서보모터가 1초마다 10도씩 회전합니다. 서보모터의 회전을 확인하기 위해서 서보모터와 함께 제공된 부속품을 결합하여 확인합니다.

 아두이노에서 서보모터는 8번 핀에 연결되어 있고 가변저항은 A0번 핀에 연결되어 있어 가변저항을 이용해서 서보모터를 제어하는 코드를 작성해주세요.

 가변저항을 사용하여 서보 모터를 제어하기 위해서는 A0 핀으로부터 입력값을 읽어들이고, 그 값을 서보 모터의 각도로 변환하는 과정이 필요합니다. 아래는 이러한 과정을 반영한 예시 코드입니다.

9-4-2.ino

```
#include <Servo.h>  // Servo 라이브러리 사용
Servo myservo;      // Servo 객체 생성

int potPin = A0;    // 가변저항이 연결된 A0 핀

void setup(){
  myservo.attach(8); // 서보 모터를 8번 핀에 연결
}

void loop(){
  int potValue =analogRead(potPin);     // 가변저항 입력값 읽기

  // 입력값을 서보 모터 각도로 변환
  int servoAngle = map(potValue, 0, 1023, 0, 180);

  myservo.write(servoAngle);            // 서보 모터 회전

  delay(15);                            // 약간의 대기
}
//9-4-2
```

위 코드에서는 analogRead() 함수를 사용하여 가변저항 입력값을 읽어 들인 다음, map() 함수를 사용하여 0에서 1023 사이의 값으로부터 0에서 180 사이의 서보 모터 각도를 계산합니다. 이후 write() 함수를 사용하여 계산된 각도로 서보 모터를 회전시키고,
delay() 함수를 사용하여 약간의 대기를 주어 서보 모터가 안정적으로 회전하도록 합니다.

위 코드를 작성하여 아두이노 보드에 업로드하면, 가변저항을 조작하여 서보 모터를 제어할 수 있습니다. 단, 가변저항의 최소값과 최대값, 그리고 서보 모터의 최소각도와 최대각도 등은 실제 회로와 맞추어야 합니다.

결과확인:

[업로드] 버튼을 눌러 코드를 업로드 합니다.
가변저항을 손으로 돌려 서보모터를 제어합니다.

CHAPTER 10

실전
프로젝트

챗GPT와 스마트 홈스테이 만들기
챗GPT와 도트매트릭스 표정 만들기
챗GPT와 거리 알리미 만들기
챗GPT와 전자피아노 만들기
챗GPT와 게임기 만들기

이번 장에서는 챗GPT와 함께 실생활에서 사용할 수 있는 다양한 프로젝트를 만들어봅니다. 이전까지의 학습은 챗GPT와 함께 단일 부품 또는 부품 개수가 적은 작품을 코드로 작성했습니다. 9장까지 학습하며 만들어 둔 사용자 함수들과 코드를 재사용하고 챗GPT와 공동으로 프로젝트를 구현합니다. 다양한 부품들을 사용하며 챗GPT의 능력과 우리의 능력을 융합한 프로젝트를 만드는 것을 목표로 합니다.

10장에서는 다음의 부품을 사용하여 프로젝트를 만듭니다. 먼저, 사용하려는 부품을 알려주고 정보를 얻도록 합니다.

 삼색LED, 서보모터, I2C LCD, CDS 센서 사용 아두이노 작동 예시 알려주세요.

 아두이노를 사용하여 작품을 만들 수 있고, 삼색 LED, 서보 모터, I2C LCD, CDS 센서를 사용한 작품 실험 중 몇 가지를 아래에 소개하겠습니다.

❶ 스마트컨텐츠

CDS 센서를 사용하여 조도를 감지하고 이를 기반으로 LED 조명을 제어합니다.
I2C LCD를 사용하여 표준으로 조도 값을 표시합니다.
서보 모터를 사용하여 컨테이너 뚜껑을 자동으로 닫을 수 있습니다.

❷ 무드등

삼색 LED를 사용하여 다양한 색상의 빛을 냅니다.
I2C LCD를 사용하여 현재 선택한 색상을 표시합니다.

❸ 탐지시스템

CDS 센서를 사용하여 조도를 감지하고 이를 기반으로 LED 조명을 제어합니다.
서보 모터를 사용하여 PIR 센서로 감지된 인체의 위치를 자동으로 조절합니다.
I2C LCD를 사용하면서 현재 조도 값을 표시합니다.

❹ 스마트홈스테이

CDS 센서를 사용하여 조도를 감지하고 이를 기반으로 LED 조명을 제어합니다.
서보 모터를 사용하여 창을 자동으로 닫을 수 있습니다.
I2C LCD를 사용하면서 현재 조도 값을 표시하고, 사용자가 창을 수동으로 열거나 닫을 수 있는 상태를 제공합니다.

위의 작업은 각각 다른 기능을 가지고 있지만 모두 삼색 LED, 서보 모터, I2C LCD, CDS 센서를 사용하여 구현됩니다. 픽셀 아두이노를 이용한 다양한 작품들이 존재하며, 여러 가지 센서와 모듈을 조합하여 더욱 다양한 작품을 만들 수 있습니다.

01 챗GPT와 스마트 홈스테이 만들기

제시 된 사례 중 주변의 빛의 밝기에 따라 커튼을 자동으로 제어하는 스마트홈스테이 프로젝트를 만듭니다.

사용부품

아래의 부품을 준비합니다.

부품명	수량	부품명	수량
RGB LED모듈	1개	서보모터	1개
CDS조도센서	1개	수-수 점퍼케이블	7개
10K옴 저항(갈검검갈빨)	1개	암-수 점퍼케이블	4개
I2C LCD	1개		

회로연결

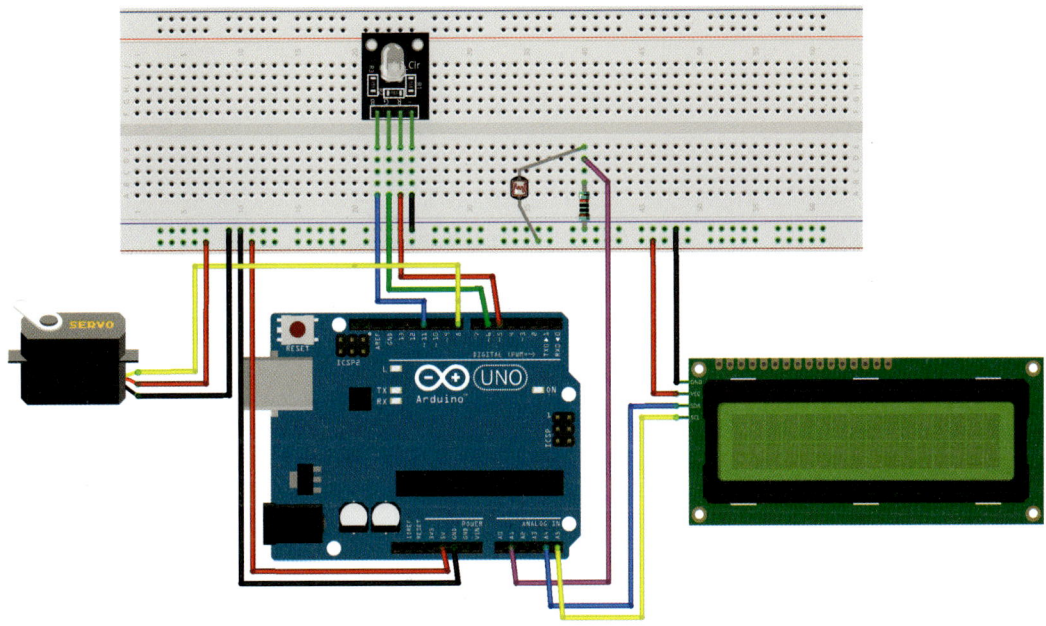

다음과 같이 RGB LED, CDS 센서, I2C LCD, 서보모터를 아두이노에 연결합니다.

부품	아두이노	부품	아두이노
RGB LED 모듈의 빨강	D5	I2C LCD GND	GND
RGB LED 모듈의 녹색	D6	I2C LCD VCC	VCC
RGB LED 모듈의 파랑	D11	I2C LCD SDA	A4
CDS조도센서	A1	I2C LCD SCL	A5
서보모터 주황색 SIG핀	D8		

인공지능 쉴드를 사용하는 경우 서보모터는 서보모터 커넥터에 바로 연결가능합니다.
I2C LCD는 암-암 점퍼선을 사용하여 오른쪽 위쪽에 A4,A5 핀에 연결합니다.
CDS 조도센서와 3색 LED(RGB LED)는 다음의 위치에 구성되어 있습니다.

실습하기

 위의 답변 중 스마트 홈스테이 아두이노 코드를 작성할 것입니다.
CDS센서는 아두이노 A1핀에 연결, 서보모터는 D8번 핀에 연결,
RGB모듈의 빨강색은 D5, 초록색은 D6, 파란색은 D11번 핀에 연결,
관련 코드 작성해주세요.

 아래는 스마트 홈스테이 코드 예시입니다. 이 코드는 CDS 센서, 서보 모터, RGB LED 모듈, 조도에 따라 조명을 제어하고, 창을 자동으로 제어합니다.

10-1-1.ino

```
#include <Servo.h>

#define CDS_PIN A1
#define SERVO_PIN 8

#define RED_PIN 5
```

```
#define GREEN_PIN 6
#define BLUE_PIN 11

Servo servo;

void setup() {
  servo.attach(SERVO_PIN);

  pinMode(CDS_PIN, INPUT);

  pinMode(RED_PIN, OUTPUT);
  pinMode(GREEN_PIN, OUTPUT);
  pinMode(BLUE_PIN, OUTPUT);
}

void loop() {
  int cdsValue = analogRead(CDS_PIN);
  int servoPos = map(cdsValue, 0, 1023, 0, 180);

  servo.write(servoPos);

  if (cdsValue < 200) {
    digitalWrite(RED_PIN, HIGH);
    digitalWrite(GREEN_PIN, LOW);
    digitalWrite(BLUE_PIN, LOW);
  }
  elseif (cdsValue < 400) {
    digitalWrite(RED_PIN, LOW);
    digitalWrite(GREEN_PIN, HIGH);
    digitalWrite(BLUE_PIN, LOW);
  }
  else {
    digitalWrite(RED_PIN, LOW);
    digitalWrite(GREEN_PIN, LOW);
    digitalWrite(BLUE_PIN, HIGH);
  }
  delay(1000);
}
//10-1-1
```

위 코드를 실행하면 조도에 따라 RGB LED 모듈의 색상이 변경되고, CDS 센서의 값에 따라 서보 모터가 회전하여 창문을 닫습니다.

실습하기

위의 답변 중 스마트 홈스테이 아두이노 코드를 작성할 것입니다.
CDS센서는 아두이노 A1핀에 연결, 서보모터는 D8번 핀에 연결,
RGB모듈의 빨강색은 D5, 초록색은 D6, 파란색은 D11번 핀에 연결,
I2C LCD모듈은 SDA는 A4, SCL은 A5 핀에 연결하고.
관련 코드 작성해주세요.

아래는 스마트 홈스테이 코드 예시입니다. 이 코드는 CDS 센서, 서보 모터, RGB LED 모듈, I2C LCD 모듈을 사용하여 조도에 따라 조명을 제어하고, 창을 자동으로 제어합니다.

10-1-2.ino

```cpp
#include <Servo.h>
#include <Wire.h>
#include <LiquidCrystal_I2C.h>

#define CDS_PIN A1
#define SERVO_PIN 8

#define RED_PIN 5
#define GREEN_PIN 6
#define BLUE_PIN 11

#define I2C_ADDR 0x27
#define LCD_COLS 16
#define LCD_ROWS 2

Servo servo;

LiquidCrystal_I2C lcd(I2C_ADDR, LCD_COLS, LCD_ROWS);

void setup() {
  servo.attach(SERVO_PIN);

  pinMode(CDS_PIN, INPUT);

  pinMode(RED_PIN, OUTPUT);
  pinMode(GREEN_PIN, OUTPUT);
  pinMode(BLUE_PIN, OUTPUT);

  lcd.init();
  lcd.backlight();
  lcd.print("Smart Home Stay");
}

void loop() {
```

```
  int cdsValue = analogRead(CDS_PIN);
  int servoPos = map(cdsValue, 0, 1023, 0, 180);

  servo.write(servoPos);

  lcd.setCursor(0, 1);
  lcd.print("CDS: ");
  lcd.print(cdsValue);

  if (cdsValue < 200) {
    digitalWrite(RED_PIN, HIGH);
    digitalWrite(GREEN_PIN, LOW);
    digitalWrite(BLUE_PIN, LOW);
  }
  elseif (cdsValue < 400) {
    digitalWrite(RED_PIN, LOW);
    digitalWrite(GREEN_PIN, HIGH);
    digitalWrite(BLUE_PIN, LOW);
  }
  else {
    digitalWrite(RED_PIN, LOW);
    digitalWrite(GREEN_PIN, LOW);
    digitalWrite(BLUE_PIN, HIGH);
  }
  delay(1000);
}
//10-1-2
```

위 코드를 실행하면 조도에 따라 RGB LED 모듈의 색상이 변경되고 I2C LCD 모듈에는 현재 조도 값이 표시됩니다. 또한 CDS 센서의 값에 따라 서보 모터가 회전하여 창문을 닫습니다.

이 코드는 참고용으로만 사용하다가, 하드웨어 연결 방법이나 코드 수정은 사용하는 하드웨어와 상황에 따라 변경할 수 있습니다.

결과확인

[업로드] 버튼을 눌러 코드를 업로드 합니다.

CDS 센서를 가려보면 CDS 센서 값에 따라 RGB LED 색이 빨강-초록-파랑으로 바뀌고

CDS 센서 값이 I2C LCD에 출력 됩니다.

서보모터도 CDS 센서 값에 따라 0도에서 180도로 출력되는 것을 확인합니다.

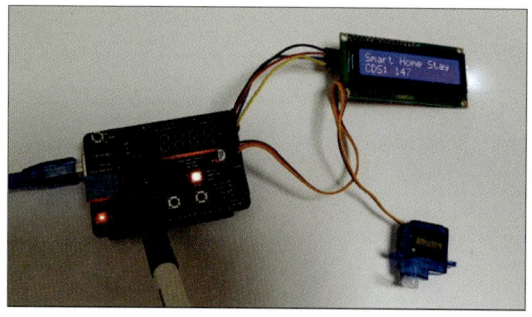
CDS센서를 물체로 가리기

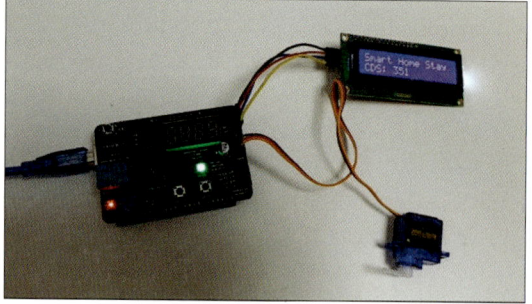
CDS센서를 가리지 않기

❝ 작가의 한 마디
같은 질문을 한 번 더 해보고, 같은 코드를 만드는지 확인해봅니다.

 CDS센서는 아두이노 A1핀에 연결, 서보모터는 D8번 핀에 연결,
RGB모듈의 빨강색은 D5, 초록색은 D6, 파란색은 D11번 핀에 연결,
I2C LCD모듈은 SDA는 A4, SCL은 A5 핀에 연결하고,
관련 코드 작성해주세요.

 요구하는 사항에 대한 아두이노 코드 예시입니다. 이 코드는 CDS 센서 값에 따라 서보 모터의 각도를 제어하고, RGB 모듈의 색을 제어하며, I2C LCD 모듈에 값을 표시합니다.

10-1-3.ino

```
#include <Wire.h>
#include <LiquidCrystal_I2C.h>

// I2C LCD 모듈초기화
LiquidCrystal_I2C lcd(0x27, 16, 2); // 주소, 열 수, 행 수

// RGB LED 모듈핀 번호
const int redPin = 5;
const int greenPin = 6;
const int bluePin = 11;

// 서보모터핀 번호
const int servoPin = 8;

// CDS 센서핀 번호
const int cdsPin = A1;

// 서보모터의최소 각도, 최대 각도, 초기 각도
const int minAngle = 0;
const int maxAngle = 180;
int currentAngle = 90;

void setup() {
  // 시리얼 통신 시작
  Serial.begin(9600);
```

```arduino
  // I2C LCD 모듈 초기화
  lcd.init();
  lcd.backlight();

  // RGB LED 모듈 초기화
  pinMode(redPin, OUTPUT);
  pinMode(greenPin, OUTPUT);
  pinMode(bluePin, OUTPUT);

  // 서보모터 초기화
  pinMode(servoPin, OUTPUT);
  moveServo(currentAngle);
}

void loop() {
  // CDS 센서 값 읽기
  int cdsValue = analogRead(cdsPin);

  Serial.print("CDS value: ");
  Serial.println(cdsValue);

  // 서보모터 각도 제어
  int angle = map(cdsValue, 0, 1023, minAngle, maxAngle);

  if (angle != currentAngle) {
    moveServo(angle);
    currentAngle = angle;
  }

  // RGB LED 모듈색 제어
  int redValue = map(cdsValue, 0, 1023, 0, 255);
  int greenValue = map(cdsValue, 0, 1023, 255, 0);
  int blueValue = map(cdsValue, 0, 1023, 0, 255);

  setColor(redValue, greenValue, blueValue);

  // I2C LCD 모듈에 CDS 값 표시
  lcd.setCursor(0, 0);
  lcd.print("CDS: ");
  lcd.print(cdsValue);
}

// 서보모터를 지정된 각도로 이동
void moveServo(int angle) {
  int pulseWidth = map(angle, 0, 180, 500, 2500);

  digitalWrite(servoPin, HIGH);
  delayMicroseconds(pulseWidth);
  digitalWrite(servoPin, LOW);
```

```
    delay(20);
}

// RGB LED 모듈의색 설정
void setColor(int redValue, int greenValue, int blueValue) {
  analogWrite(redPin, redValue);
  analogWrite(greenPin, greenValue);
  analogWrite(bluePin, blueValue);
}
//10-1-3
```

> **작가의 한 마디**
>
> 같은 질문을 한 번 더 해보고, 같은 코드를 주는지 확인해보니, 다른 코드 정보를 주었습니다.
> 두 번째(10-1-2) 코드는 CDS값에 따라 삼색 LED를 아날로그 출력으로 제어하는 코드입니다.
> 질문을 하고 구현하려는 상황에 맞는 코드를 사용하도록 합니다.

 위의 코드를 자세히 설명할 수 있습니까?

setup():	
Serial.begin(9600):	시리얼통신을 시작한다.
lcd.init():	I2C LCD 모듈 인터페이스
lcd.backlight():	I2C LCD 모듈의 백라이트 켜기
pinMode():	RGB LED 모듈의 출력 모드 설정
moveServo(currentAngle)	서보모터 초기 각도로 이동
loop():	
analogRead(cdsPin):	CDS 센서 값을 읽어서 cdsValue에 저장
Serial.print():	전압 출력에 CDS 센서 값
map():	cdsValue 값을 0 ~ 1023 범위에서 minAngle ~ maxAngle 범위로 반환하여 각도에 저장
moveServo(angle):	각도 값으로 서보 모터 각도 제어
setColor():	cdsValue 값을 이용하여 RGB LED 모듈 색 제어
lcd.setCursor(), lcd.print():	I2C LCD 모듈에 CDS 값 표시
moveServo():	서보모터 이동함수
map():	입력된 각도 값을 0 ~ 180 범위에서 500 ~ 2500 범위로 반환하여 pulseWidth 의학에 저장
digitalWrite():	서보 모터 핀을 HIGH로 설정하여 서보 모터를 찾는다.
delayMicroseconds():	pulseWidth 값만큼 딜레이를 준후 서보 핀을 LOW로 설정하여 서보 모터를 정지합니다.
delay(20):	20ms 딜레이를 준다.
setColor() :	삼색 LED 색 정하는 함수
analogWrite():	입력된 redValue, greenValue, blueValue 값을 PWM(Pulse Width Modulation) 방식으로 출력하여 RGB LED 모듈의 색을 조절한다.

이렇게 코드를 생성하는 것은 CDS 센서 값을 이용하여 서보 모터와 RGB LED 모듈을 제어하고, I2C LCD 모듈에 값을 표시하는 기능을 수행합니다.

[▶ 업로드] 버튼을 눌러 코드를 업로드합니다. 종이 또는 손으로 CDS 센서를 가려보며 서보모터와 LCD, 삼색 LED가 동작하는지 확인합니다.

 위의 코드 중에 어떤 것이 더 좋을까?

 두 가지 코드 모두 동작하는 방식이 다르기 때문에 어떤 것이 더 좋은지 일반적으로 설명하기는 그렇습니다.

첫 번째 코드는 서보 모터와 RGB LED 모듈을 같이 해서 함께 제어하고 있습니다.
이 방식은 코드를 쉽게 만들어 메모리를 만들고 실행 시간을 줄일 수 있는 장점이 있습니다.
두 번째 코드는 서보 모터와 RGB LED 모듈을 분리하여 독자적으로 제어하고 있습니다.
이 방식은 코드를 모듈화하여 가독성과 유지 보수성을 유지하면서 장점이 있습니다.

따라서 어떤 코드가 더 좋은지 상황에 따라 다르며, 코드를 작성하는 목적과 용도, 하드웨어 사양 등을 고려하여 결정해야 합니다.

02 챗GPT와 도트매트릭스 표정 만들기

문자열을 사용해서 삼색 LED를 제어하고 빨강색이 켜지면 하트모양, 초록색이 켜지면 스마일 모양, 파랑색이 켜지면 슬픈 표정을 도트매트릭스에 표현합니다.

사용하는 부품도 많아지고 프로그램도 복잡해지기 때문에 챗GPT에게 단계에 맞게 질문을 하고, 주어진 코드에 오류가 있는지 살펴보도록 합니다.

사용부품

아래의 부품을 준비합니다.

부품명	수량	부품명	수량
RGB LED모듈	1개	수-수 점퍼케이블	6개
I2C LCD	1개	암-수 점퍼케이블	9개
도트매트릭스 MAX7219 모듈	1개		

회로연결

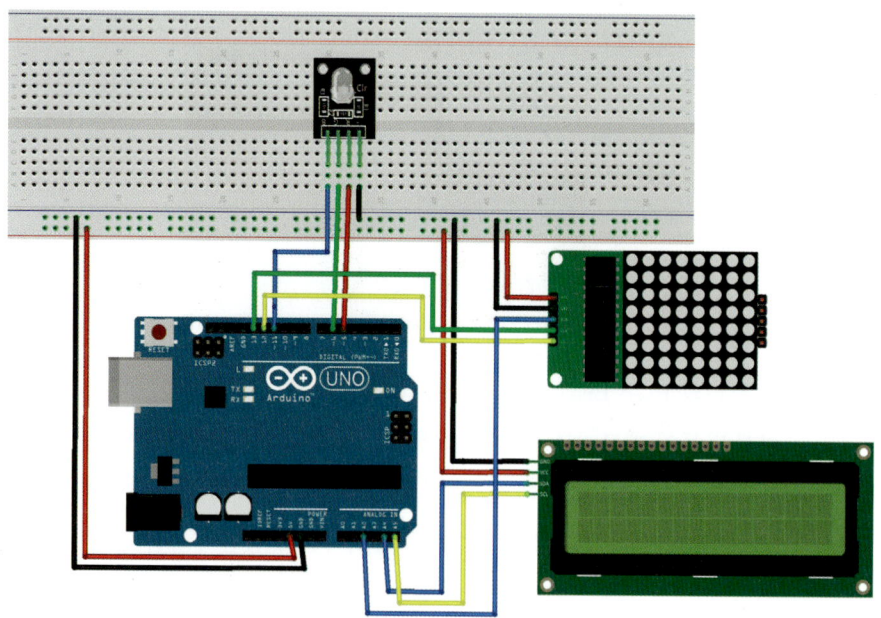

다음과 같이 RGB LED, I2C LCD, MAX7219를 아두이노에 연결합니다.

부품	아두이노	부품	아두이노
RGB LED 모듈의 빨강	D5	I2C LCD SCL	A5
RGB LED 모듈의 녹색	D6	도트매트릭스 MAX7219 VCC	5V
RGB LED 모듈의 파랑	D11	도트매트릭스 MAX7219 GND	GND
I2C LCD GND	GND	도트매트릭스 MAX7219 DIN	A2
I2C LCD VCC	VCC	도트매트릭스 MAX7219 CS	D13
I2C LCD SDA	A4	도트매트릭스 MAX7219 CLK	D12

인공지능 쉴드를 사용하는 경우 암-암 점퍼선을 이용하여 MAX7219 도트매트릭스 모듈을 DIN은 A2핀에, CS는 13번 핀에, CLK는 12번 핀에 연결합니다.

I2C LCD는 암-암 점퍼선을 이용하여 오른쪽 위쪽에 A4, A5 핀에 연결하고,

3색 LED(RGB LED)의 위치는 다음의 위치에 연결되어 있습니다.

실습하기

도트매트릭스 표정만들기 전에 I2C LCD와 삼색 LED를 시리얼 통신으로 제어하기 위해
챗GPT에게 다음의 질문을 합니다. 사용자가 한글로 질문을 하면 챗GPT가 질문을 번역하는 과정 중에 오타 또는 오류가 있을 수 있습니다.

사용자가 수정요청을 하고 다시 질문을 하면, 챗GPT는 오류를 인정하고 답변을 수정합니다.

번호대로 하기, 문장으로 나열하기, 코드 조각 만들고 합치기 등 다양한 방법으로 질문을 합니다.

도트매트릭스에 표정 만들기 전에 I2C LCD와 삼색 LED를 시리얼 통신으로 제어할 것입니다.
다음 내용을 코드로 작성해주세요.

❶ 시리얼통신을 사용해서 입력 받기
❷ 삼색 LED의 빨강색은 D5번 핀에, 초록색은 D6번 핀에, 파랑색은 D11번 핀에 연결되어
❸ I2C LCD는 SDA는 A4, SCL은 A5에 연결되어 있어
❹ 시리얼통신 입력으로 'red'를 입력 받으면 빨강색 LED를 켜고, I2C LCD에 'RED'라고 출력하기
❺ 시리얼통신 입력으로 'green'을 입력 받으면 초록색 LED를 켜고, I2C LCD에 'GREEN'라고 출력하기
❻ 시리얼통신 입력으로 'blue'를 입력 받으면 파랑색 LED를 켜고, I2C LCD에 'BLUE'라고 출력하기

❝ 작가의 한 마디

질문자의 내용을 챗GPT가 다시 요약하는 과정에 위의 질문 내용이 다음과 같이 변경될 수 있습니다. 질문 내용이 수정되어서 오류라고 이야기하고 다시 질문을 이어갑니다.

챗GPT: 도트매트릭스 마우스만들기 전에는 I2C LCD와 삼색 LED를 짧게 통신으로 제어할 것입니다. 다음 내용을 작성하여 1. 전기통신을 사용해서 입력받기 2. 삼색 LED의 연발색은 D5번 핀에, 눞은 D6번 핀에, 파란색은 D11번 핀에 연결되어 있어 3. I2C LCD 는 SDA는 A4, SCI은 A5에 연결되어 있어 4. 전기통신 입력으로 'red'를 입력하면 깨지고 켜진 LED를 켜고, I2C LCD에 'RED'라고 출력하기 5. 전기통신 입력으로 'green'을 입력합니다. 6. 전기통신 입력으로 'blue'를 입력하면 깨지는 파란색 LED를 켜고, I2C LCD에 'BLUE'라고 출력하기

다음은 요구 사항을 충족하는 아두이노 코드입니다.

10-2-1.ino

```
#include <Wire.h> // I2C 통신 라이브러리
#include <LiquidCrystal_I2C.h> // I2C LCD 라이브러리

// I2C LCD 객체생성, 0x27은 LCD 주소
LiquidCrystal_I2C lcd(0x27, 16, 2);

int redPin = 5; // 빨강색 LED 핀번호
int greenPin = 6; // 초록색 LED 핀 번호
int bluePin = 11; // 파랑색 LED 핀 번호

void setup() {
  Serial.begin(9600); // 시리얼 통신 시작

  lcd.init(); // I2C LCD 초기화
  lcd.backlight(); // I2C LCD 백라이트켜기

  pinMode(redPin, OUTPUT); // 빨강색 LED 핀출력 설정
  pinMode(greenPin, OUTPUT); // 초록색 LED 핀 출력 설정
  pinMode(bluePin, OUTPUT); // 파랑색 LED 핀 출력 설정
```

```
}

void loop() {
  if (Serial.available()) { // 시리얼 입력을 받았는지 확인
    String input = Serial.readString(); // 시리얼 입력 받기

    input.trim(); // 문자열 앞뒤 공백 제거

    if (input == "red") { // 'red' 입력받으면
      digitalWrite(redPin, HIGH); // 빨강색 LED 켜기
      digitalWrite(greenPin, LOW); // 초록색 LED 끄기
      digitalWrite(bluePin, LOW); // 파랑색 LED 끄기

      lcd.setCursor(0, 0); // 첫번째 줄 커서 위치
      lcd.print("RED   "); // I2C LCD에 'RED   ' 출력
    }
    else if (input == "green") { // 'green' 입력 받으면
      digitalWrite(redPin, LOW); // 빨강색 LED 끄기
      digitalWrite(greenPin, HIGH); // 초록색 LED 켜기
      digitalWrite(bluePin, LOW); // 파랑색 LED 끄기

      lcd.setCursor(0, 0); // 첫번째 줄 커서 위치
      lcd.print("GREEN "); // I2C LCD에 'GREEN' 출력
    }
    else if (input == "blue") { // 'blue' 입력 받으면
      digitalWrite(redPin, LOW); // 빨강색 LED 끄기
      digitalWrite(greenPin, LOW); // 초록색 LED 끄기
      digitalWrite(bluePin, HIGH); // 파랑색 LED 켜기

      lcd.setCursor(0, 0); // 첫번째 줄 커서 위치
      lcd.print("BLUE  "); // I2C LCD에 'BLUE ' 출력
    }
  }
}
//10-2-1
```

위 코드에서 Serial.readString()은 잠시 동안 입력을 받을 때까지 대기하다가 입력이 중단되면 문자열로 변환하여 반환합니다. trim()은 문자열의 공백을 제거합니다.

결과확인

[▶ 업로드] 버튼을 눌러 코드를 업로드 한 다음 [🔍 시리얼 모니터]를 열고 입력합니다. 시리얼 모니터 전송창에 'red', 'green', 'blue'를 입력하고 전송하여 삼색 LED 제어를 잘 하는 것을 확인합니다.

위의 코드에 다음의 내용을 추가해주세요.
MAX7219 도트매트릭스 모듈을 사용할거고, "LedControl" 라이브러리를 설치해 주세요.
❶ LedControl 라이브러리를 설치방법을 알려주세요.
❷ MAX7219 도트매트릭스 모듈을 DIN은 A2핀에, CS는 13번 핀에, CLK는 12번 핀에 연결되어 있습니다.
❸ MAX7219 도트매트릭스 모듈을 사용하기 위해서, 하트모양, 스마일모양, 슬픈모양을 배열로 만들어 주세요.
❹ 시리얼 통신속도는 9600이고, 'red'를 입력하면 하트모양을 만들고, 빨강색 LED를 켜고, I2C LCD 에는 'RED'를 출력.
❺ 시리얼 통신에 'green'를 입력하면 스마일모양을 만들고, 초록색 LED를 켜고, I2C LCD에는 'GREEN'를 출력.
❻ 시리얼 통신에 'blue'를 입력하면 슬픈모양을 만들어줘, 파랑색 LED를 켜고, I2C LCD에는 'BLUE'를 출력 해주세요.

다음은 LedControl을 사용하여 MAX7219 도트매트릭스 모듈을 제어하고, 입력에 따라 도트매트릭스에 하트, 스마일, 슬픈 모양을 출력하고 LED와 LCD도 제어하는 코드입니다.

❶ LedControl 라이브러리 설치 방법

아두이노 IDE 의 "스케치" 메뉴에서 "라이브러리 포함" -〉 "라이브러리 관리"를 선택합니다.

"Library Manager" 창에서 "LedControl"을 검색합니다.

"LedControl"을 선택하고, "Install" 버튼을 눌러 설치합니다.

❷ MAX7219 도트매트릭스 모듈 핀 연결

MAX7219 도트매트릭스 모듈의 DIN은 A2핀에, CS는 13번 핀에, CLK는 12번 핀에 연결합니다.

❸ 하트, 스마일, 슬픈 모양 생성

하트, 스마일, 슬픈 모양을 배열로 처리합니다. 배열의 크기는 8x8로 미리 만듭니다.

10-2-2.ino

```
#include <LedControl.h>
#include <Wire.h>
#include <LiquidCrystal_I2C.h>

//   MAX7219   모듈   핀번호   정의
#define DIN_PIN A2
#define CS_PIN 13
#define CLK_PIN 12

//   RGB   LED   핀번호   정의
#defineRED_PIN 5
#define GREEN_PIN 6
#define BLUE_PIN 11

//LedControl 객체생성
LedControl lc = LedControl(DIN_PIN, CLK_PIN, CS_PIN, 1);

//I2C LCD 객체생성
LiquidCrystal_I2C lcd(0x27, 16, 2);

//각모양에 대한 8x8 배열을 정의합니다.
//1.byte heart[8] = {0x18, 0x3C, 0x7E, 0xFF, 0xFF, 0x7E, 0x3C, 0x18};
//위의   1.은   챗GPT가 제안한   하트모양: 마름모 모양이 출력됩니다.
//그래서, 9장에서 학습한 하트모양으로 수정합니다.
byte heart[] = {
  B01100110,
  B11111111,
  B11111111,
  B11111111,
  B01111110,
  B00111100,
  B00011000,
  B00000000
```

```
};
byte smile[8] = { 0x3C, 0x42, 0xA5, 0x81, 0xA5, 0x99, 0x42, 0x3C };
byte sad[8] = { 0x3C, 0x42, 0xA5, 0x81, 0x99, 0xA5, 0x42, 0x3C };

void setup() {
  //시리얼 통신 시작
  Serial.begin(9600);

  //RGB LED 핀초기화
  pinMode(RED_PIN, OUTPUT);
  pinMode(GREEN_PIN, OUTPUT);
  pinMode(BLUE_PIN, OUTPUT);

  //LedControl 초기화
  lc.shutdown(0, false);
  lc.setIntensity(0, 8);
  lc.clearDisplay(0);

  //I2C LCD 초기화
  lcd.init();
  lcd.backlight();
  lcd.clear();
}

void loop() {
  //시리얼 입력 받기
  if (Serial.available() > 0) {
    String inputString = Serial.readString();

    inputString.trim();

    //'red' 입력 시
    if (inputString == "red") {
      //   RGB    LED    색상    설정
      digitalWrite(RED_PIN, HIGH);
      digitalWrite(GREEN_PIN, LOW);
      digitalWrite(BLUE_PIN, LOW);

      //LedControl을사용하여 MAX7219 모듈에 하트 모양 출력
      for (int i = 0; i < 8; i++) {
        lc.setRow(0, i, heart[i]);
      }

      //I2C LCD에 'RED' 출력
      lcd.setCursor(0, 0);
      lcd.print("RED            ");
```

```
      }
      //'green' 입력 시
      else if (inputString == "green") {
        //RGB LED 색상 설정
        digitalWrite(RED_PIN, LOW);
        digitalWrite(GREEN_PIN, HIGH);
        digitalWrite(BLUE_PIN, LOW);

        //LedControl을사용하여 MAX7219 모듈에 스마일 모양 출력
        for (int i = 0; i < 8; i++) {
          lc.setRow(0, i, smile[i]);
        }

        //I2C LCD에 'GREEN'출력
        lcd.setCursor(0, 0);
        lcd.print("GREEN    ");
      }
      //'blue'입력 시
      else if (inputString == "blue") {
        //RGB LED 색상 설정
        digitalWrite(RED_PIN, LOW);
        digitalWrite(GREEN_PIN, LOW);
        digitalWrite(BLUE_PIN, HIGH);

        //LedControl을사용하여 MAX7219 모듈에 슬픈 모양 출력
        for (int i = 0; i < 8; i++) {
          lc.setRow(0, i, sad[i]);
        }

        //I2C LCD에 'BLUE' 출력
        lcd.setCursor(0, 0);
        lcd.print("BLUE     ");
      }
    }
  }
//10-2-2
```

결과확인

[업로드] 버튼을 눌러 코드를 업로드 한 다음 [시리얼 모니터]를 열고 입력합니다. 시리얼 모니터 전송창에 'red', 'green', 'blue'를 입력하고 전송하여 삼색 LED 제어를 잘 하고, 하트 표정, 스마일 표정, 슬픈 표정이 잘 출력되는 것을 확인합니다.

> **❝ 작가의 한 마디**
> 하트 배열 학습은 마름모 모양으로 계속 오류가 나서 9장에서 학습한 코드로 수정하였습니다. 코드를 수정하여 알려주니 다음 질문부터는 오류없이 하트배열 코드를 작성해주었습니다.

글자 출력이 잘되기에 광고문 또는 부재중 메시지 남기기를 만들려고 질문을 계속했습니다.

❶ I2C LCD는 SDA는 A4, SCL은 A5에 연결되어 있고,
❷ MAX7219 도트매트릭스 모듈의 DIN은 A2핀에, CS는 13번 핀에, CLK는 12번 핀에 연결되어 있고,
❸ 'H','E','L','L','O' 글자를 배열로 만들어
❹ I2C LCD에 'H','E','L','L','O' 글자를 출력해주세요.
❺ 'H','E','L','L','O' 글자를 도트매트릭스에서 이동하는 코드를 만들어주세요.

가능성 있는 배선을 SDA와 SCL 핀을 사용하여 지정할 수 있습니다.
'H','E','L','L','O' 글자를 배열로 만들어
유사하게 바이트 배열(byte array)을 사용하여 문자를 만들 수 있습니다.
I2C LCD 모듈은 LiquidCrystal_I2C를 사용하여 출력할 수 있습니다.
예를 들어, LiquidCrystal_I2C 객체를 생성하여 "Hello"를 출력할 수 있습니다.
아래는 'H','E','L','L','O' 문자를 도트매트릭스에서 이동하는 코드입니다.

도트매트릭스 코드와 LCD코드를 합쳐주세요.

 아래는 MAX7219 도트매트릭스 모듈과 I2C LCD를 함께 사용하여 'HELLO' 문자를 도트매트릭스에서 이동하여 LCD에 출력하는 코드입니다.

먼저 HELLO문자 배열을 표시하고, H, E, L, L, O의 바이트 값을 저장합니다.
그리고 HELLO_SIZE 상수형 변수에 5를 대입합니다.

다음으로, letterIndex변수를 이용하여 HELLO 글자배열에 접근합니다.
shiftIndex을 이용하여 문자를 이동시키기 위해 비트연산을 합니다.
lc.clearDisplay(0)은 이전에 출력된 내용을 지우고, rowIndex를 이용하여 현재 출력하려는 행을 선택합니다.
HELLO 배열에서 현재 출력 중인 문자의 비트를 쉬프트 연산을 수행한 다음, lc.setRow(0, rowIndex, ...)호출하여 도트매트릭스에 출력합니다.

문자를 한 칸씩 이동하여 출력하기 위해 shiftIndex 에 1을 더해서 반복하고, 다음 문자를 출력하기 위해 lc.clearDisplay(0)와 delay(delayTime * letterSpace)를 호출하여 정한 시간 동안 문자를 화면에 나타내지 않게 합니다.

lc.setRow(0,rowindex,row << shiftIndex) 함수는 LED Matrix Module의 한 행(row)에 대한 비트 패턴을 설정합니다.
lc.setRow(0, rowIndex, row << shiftIndex)코드는 디바이스 번호 0의 rowIndex행(row)에, row 배열의 해당 행(row)에 대한 비트 패턴을 shiftIndex값만큼 왼쪽으로 이동(shift) 합니다.

최초의 초기화는 행(row)을 지정한 장치의 번호입니다. 이 코드에서는 장치 번호 0을 사용하고 있습니다.
두 번째는 기준 행(row)의 기준(index)입니다. 이 코드에서는 rowIndex 0~7까지의 값입니다.
세 번째는 문자열 비트 패턴입니다.
이 코드 row << shiftIndex를 사용하여 row배열의 해당 행(row)에 대한 비트 패턴을 shiftIndex 값만큼 왼쪽으로 시프트(shift)한 후, 값을 설정하고 있습니다. 즉 이렇게 한 글자가 왼쪽으로 움직이는 효과를 만들 수 있습니다.

10-2-3.ino

```cpp
#include <Wire.h>
#include <LiquidCrystal_I2C.h>
#include <LedControl.h>

#define LCD_COLS 16
#define LCD_ROWS 2
#define LCD_ADDRESS 0x27// LCD 주소

LiquidCrystal_I2C lcd(LCD_ADDRESS, LCD_COLS, LCD_ROWS);

#define DIN_PIN A2
#define CS_PIN 13
#define CLK_PIN 12

LedControl lc = LedControl(DIN_PIN, CLK_PIN, CS_PIN, 1);

const byte H[8] = {
  B01000010,
  B01000010,
  B01000010,
  B01111110,
  B01000010,
  B01000010,
  B01000010,
  B00000000
};
const byte E[8] = {
  B01111110,
  B01000000,
  B01000000,
  B01111110,
  B01000000,
  B01000000,
  B01111110,
  B00000000
};
const byte L[8] = {
  B01000000,
  B01000000,
  B01000000,
  B01000000,
  B01000000,
  B01000000,
  B01111110,
  B00000000
};
const byte O[8] = {
```

```
  B00111100,
  B01000010,
  B01000010,
  B01000010,
  B01000010,
  B01000010,
  B00111100,
  B00000000
};

void setup() {
  lcd.init(); // LCD 초기화
  lcd.backlight(); // LCD 백라이트 켜기

  lc.shutdown(0, false); // 도트매트릭스 초기화
  lc.setIntensity(0, 8); // 도트매트릭스 밝기 설정
  lc.clearDisplay(0); // 도트매트릭스 화면 초기화
}

void loop() {
  const int delayTime = 500; // 0.5초

  constint letterSpace = 1; // 글자 사이 간격
  const byte* HELLO[5] = { H, E, L, L, O };
  const int HELLO_SIZE = 5;

  for (int letterIndex = 0; letterIndex < HELLO_SIZE; letterIndex++) {
    for (int shiftIndex = 0; shiftIndex < 8; shiftIndex++) {
      lc.clearDisplay(0);

      for (int rowIndex = 0; rowIndex < 8; rowIndex++) {
        const byte row = HELLO[letterIndex][rowIndex];
        lc.setRow(0, rowIndex, row << shiftIndex);
      }

      // 도트매트릭스 화면에 출력
      delay(100);
      lc.clearDisplay(0);
      delay(1);
    }
    // 글자 사이 간격
    lc.clearDisplay(0);
    delay(delayTime * letterSpace);
  }

  // LCD에 HELLO 출력
  lcd.clear();
  lcd.setCursor(0, 0);
  lcd.print("HELLO");
}
//10-2-3
```

결과확인

[⬈ 업로드] 버튼을 눌러 코드를 업로드 합니다. I2C LCD에 HELLO 글자 출력이 잘 되고 도트매트릭스에서도 글자 이동이 잘 되고 있습니다.

03 챗GPT와 거리 알리미 만들기

초음파 센서를 사용하여 거리를 인식해서 TM1637 FND에 출력을 하고 물체 또는 사람의 거리에 따라 조건문을 이용하여 도트매트릭스에 하트모양을 또는 다른 모양을 만들어봅니다.
10-2에서 사용했던 도트매트릭스 표정 코드를 재사용합니다.

사용부품

아래의 부품을 준비합니다.

부품명	수량	부품명	수량
TM1637 FND 모듈	1개	수-수 점퍼케이블	4개
도트매트릭스 MAX7219 모듈	1개	암-수 점퍼케이블	9개
초음파센서	1개		

회로연결

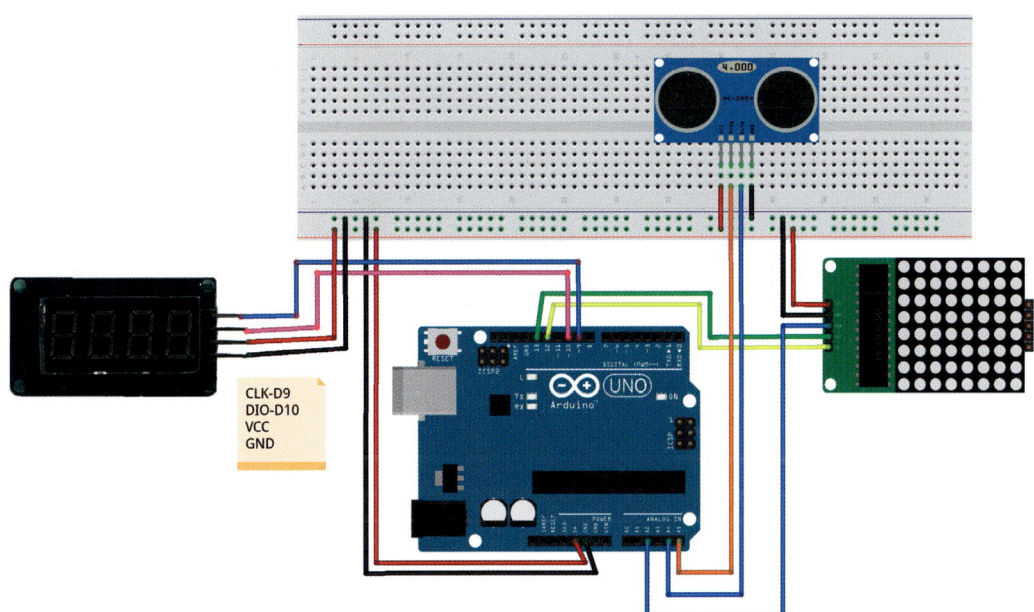

다음과 같이 초음파센서, TM1637 FND 모듈, MAX7219를 아두이노에 연결합니다.

부품	아두이노	부품	아두이노
초음파센서 VCC	5V	FND TM1637 GND	GND
초음파센서 Trig	A5	도트매트릭스 MAX7219 VCC	5V
초음파센서 Echo	A4	도트매트릭스 MAX7219 GND	GND
초음파센서 GND	GND	도트매트릭스 MAX7219 DIN	A2
FND TM1637 CLK	D9	도트매트릭스 MAX7219 CS	D13
FND TM1637 DIO	D10	도트매트릭스 MAX7219 CLK	D12
FND TM1637 VCC	5V		

인공지능 쉴드를 사용하는 경우 암-암 점퍼선을 이용하여 MAX7219 도트매트릭스 모듈을 DIN은 A2핀에, CS는 13번 핀에, CLK는 12번 핀에 연결합니다.

초음파센서는 암-암 점퍼선을 이용하여 Trig는 A5번 핀에, Echo는 A4번 핀에 연결합니다. TM1637 FND는 인공지능 쉴드의 다음 위치에 연결되어 있습니다.

실습하기

 초음파 센서와 TM1637 FND, MAX7219 도트매트릭스를 사용할 예정입니다.
만들 수 있는 프로젝트가 제출되었나요?

 네, 초음파 센서, TM1637 FND 및 MAX7219 도트 매트릭스를 사용하여 다양한 프로젝트를 만들 수 있습니다! 다음은 몇 가지 예시입니다.

초음파 센서와 TM1637 FND, MAX7219 도트매트릭스를 활용하여 다양하고 재미있는 프로젝트를 만들 수 있습니다!

❶ 거리 측정기: 초음파 센서를 사용하여 근접한 거리를 측정하고, TM1637 FND 디스플레이를 사용하여 거리를 표시할 수 있습니다.

❷ 디지털 시계: TM1637 FND 디스플레이를 사용하여 디지털 시계를 만들 수 있습니다. 초음파 센서를 사용하여 전원을 켜고 시간을 표시할 수 있습니다.

❸ 스티커매트릭스 메시지 표시: MAX7219 스티커매트릭스를 사용하여 메시지를 표시할 수 있습니다. 초음파 센서를 사용하여 가까이의 근접성에 따라 다른 메시지를 표시할 수 있습니다.

❹ 게임: MAX7219 도트매트릭스를 사용하여 게임을 만들 수 있습니다. 초음파 센서를 사용하여 플레이어의 동작을 감지하고 게임을 제어할 수 있습니다.

❺ 날씨 정보 디스플레이: TM1637 FND 디스플레이와 MAX7219 스티커매트릭스를 사용하여 현재 날씨 정보를 표시할 수 있습니다. 초음파 센서를 사용하여 주변 환경에 따라 다른 날씨 정보를 표시할 수도 있습니다.

단지 몇 가지 아이디어가 났고, 여러분이 좋은 생각이 떠오르게 되면 더욱 다양한 프로젝트를 만들 수 있습니다.

 좋아, 3번 도트매트릭스 메시지 표시 프로젝트를 가지고 있나요?

 네, MAX7219 도트매트릭스를 사용하여 메시지를 표시하는 프로젝트는 비교적 간단하게 만들 수 있습니다. 아래는 예시 코드입니다.

> **❝ 작가의 한 마디**
> 사용할 언어를 정확히 알려주도록 합니다. 이전에 작업은 아두이노에서 계속 진행되었는데, 로그아웃 하고 다시 들어가니 다음의 파이썬 코드로 추천해주었습니다.

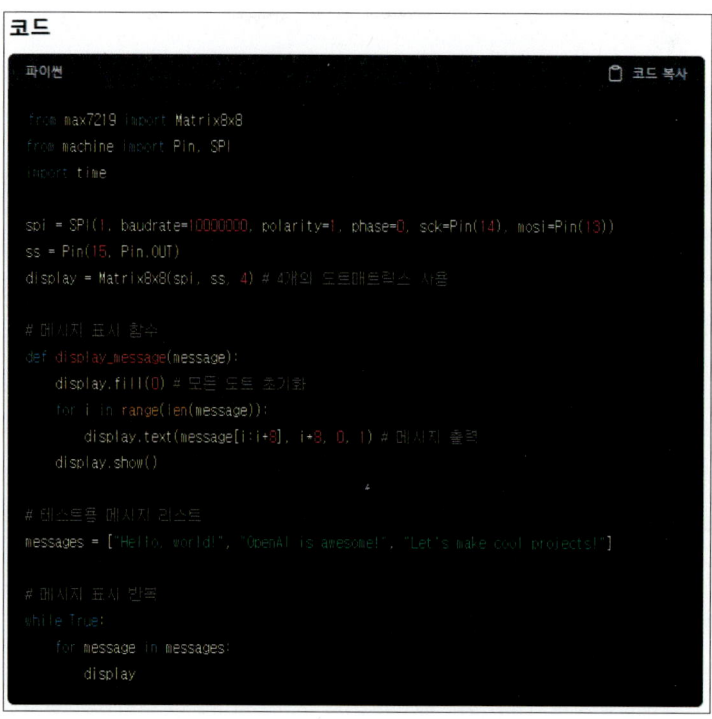

 아니, 아두이노에서 작업할 것입니다. TM1637 FND 모듈을 사용하기 위한 TM1637TinyDisplay 라이브러리 설치방법과 max7219를 사용해서 8x8 도트매트릭스를 제어할 것입니다.
라이브러리 설치방법을 알려주세요.

 TM1637 FND 모듈과 MAX7219 도트매트릭스를 아두이노에서 사용하기 위해서는 각각의 라이브러리를 설치해야 합니다.

TM1637TinyDisplayBuild 설치 방법

❶ Arduino IDE에서 스케치→ 라이브러리 포함하기→ 라이브러리 관리…를 클릭합니다.
❷ 라이브러리 관리창에서 TM1637TinyDisplay검색합니다.
❸ 검색 결과에서 TM1637TinyDisplay찾아 설치 버튼을 클릭합니다.
❹ 설치가 완료되면 스케치→ 라이브러리 포함하기에서 TM1637TinyDisplay 선택하여 사용할 수 있습니다.

MAX7219 도트매트릭스 라이브러리 설치 방법

❶ Arduino IDE에서 스케치→ 라이브러리 포함하기→ 라이브러리 관리…를 클릭합니다.
❷ 라이브러리 관리창에서 LedControl검색합니다.
❸ 검색 결과에서 LedControl by Eberhard Fahle찾아 설치 버튼을 클릭합니다.
❹ 설치가 완료되면 스케치→라이브러리 포함하기에서 LedControl 선택하여 사용할 수 있습니다.

위 라이브러리를 설치하면 아두이노에서 TM1637 FND 모듈과 MAX7219 도트매트릭스를 사용할 수 있습니다.

초음파센서의 Trig는 아두이노의 A5번 핀, Echo는 A4번 핀에 연결되어 있습니다.
MAX7219의 DIN은 A2번 핀, CS는 13번 핀, CLK는 12번 핀에 연결되어 있습니다.
TM1637 FND의 CLK는 9번 핀, DIO는 10번 핀에 연결되어 있습니다.
실행되는지 알아보기 위해, TM1637에 숫자 '1234'를 출력해주세요.

아래는 초음파 센서, MAX7219 도트매트릭스, TM1637 FND를 사용하여 초음파 센서로 거리를 측정하고, 그 거리를 TM1637 FND에 출력하고 MAX7219 도트매트릭스에 "HELLO"라는 메시지를 순환적으로 표시하는 예제 코드입니다.
코드에서 각 핀 번호를 고유하게 지정하신 핀 번호로 수정하시기 바랍니다.

> **작가의 한 마디**
> TM1637 FND동작을 확인하려는 코드를 물어 본 것인데, 이전 질문을 기억하고 초음파센서 값을 FND에 출력하였고, MAX7219 도트매트릭스에 "HELLO"를 반복 출력하며 질문의 목적에 맞는 코드 결과를 빠르게 알려 주었습니다.

10-3-1.ino

```cpp
#include <TM1637TinyDisplay.h>
#include <LedControl.h>

// 초음파센서핀 번호
#define ECHO_PIN A4
#define TRIG_PIN A5

// MAX7219 핀번호
#define MAX7219_DIN_PIN A2
#define MAX7219_CS_PIN 13
#define MAX7219_CLK_PIN 12

// TM1637 핀번호
#define CLK_PIN 9
#define DIO_PIN 10

// 초음파센서변수
long duration;
int distance;

// MAX7219 변수
LedControl lc = LedControl(MAX7219_DIN_PIN, MAX7219_CLK_PIN, MAX7219_CS_PIN, 1);

int delaytime = 200;

// TM1637 변수
TM1637TinyDisplay display(CLK_PIN, DIO_PIN);

void setup() {
```

```
  pinMode(TRIG_PIN, OUTPUT);
  pinMode(ECHO_PIN, INPUT);

  lc.shutdown(0, false);
  lc.setIntensity(0, 8);
  lc.clearDisplay(0);

  display.setBrightness(1);
  display.showNumberDec(1234, false);

  delay(2000);//작가가 확인하기 위해 추가함
}

void loop() {
  // 초음파센서로 거리 측정
  digitalWrite(TRIG_PIN, LOW);
  delayMicroseconds(2);
  digitalWrite(TRIG_PIN, HIGH);
  delayMicroseconds(10);
  digitalWrite(TRIG_PIN, LOW);

  duration = pulseIn(ECHO_PIN, HIGH);
  distance = duration * 0.034 / 2;

  // 거리 TM1637 FND에 출력
  display.showNumberDec(distance, false);

  // MAX7219 도트매트릭스에 메시지 출력
  //챗GPT는 3행까지만 정보를 주어
  //작가가 4행~ 7행까지 추가함
  lc.setRow(0, 0, B00000000);
  lc.setRow(0, 1, B01000010);
  lc.setRow(0, 2, B01000010);
  lc.setRow(0, 3, B01111110);
  lc.setRow(0, 4, B01000010);
  lc.setRow(0, 5, B01000010);
  lc.setRow(0, 6, B01000010);
  lc.setRow(0, 7, B00000000);
  delay(delaytime*2);

  lc.setRow(0, 0, B00000000);
  lc.setRow(0, 1, B01111110);
  lc.setRow(0, 2, B01000000);
  lc.setRow(0, 3, B01111110);
  lc.setRow(0, 4, B01000000);
  lc.setRow(0, 5, B01000000);
```

```
  lc.setRow(0, 6, B01111110);
  lc.setRow(0, 7, B00000000);
  delay(delaytime*2);

  lc.setRow(0, 0, B00000000);
  lc.setRow(0, 1, B01000000);
  lc.setRow(0, 2, B01000000);
  lc.setRow(0, 3, B01000000);
  lc.setRow(0, 4, B01000000);
  lc.setRow(0, 5, B01000000);
  lc.setRow(0, 6, B01111110);
  lc.setRow(0, 7, B00000000);
  delay(delaytime*2);

  lc.setRow(0, 0, B00000000);
  lc.setRow(0, 1, B01000000);
  lc.setRow(0, 2, B01000000);
  lc.setRow(0, 3, B01000000);
  lc.setRow(0, 4, B01000000);
  lc.setRow(0, 5, B01000000);
  lc.setRow(0, 6, B01111110);
  lc.setRow(0, 7, B00000000);
  delay(delaytime*2);

  lc.setRow(0, 0, B00000000);
  lc.setRow(0, 1, B00111100);
  lc.setRow(0, 2, B01000010);
  lc.setRow(0, 3, B01000010);
  lc.setRow(0, 4, B01000010);
  lc.setRow(0, 5, B01000010);
  lc.setRow(0, 6, B00111100);
  lc.setRow(0, 7, B00000000);
  delay(delaytime*2);
}
//10-3-1
```

결과확인

[▶ 업로드] 버튼을 눌러 코드를 업로드합니다.

제시한 '1234'가 FND에 출력되고, 초음파센서 값이 FND에 출력되는지, 도트매트릭스에 'HELLO' 글자 출력을 확인합니다.

 위의 코드에서 초음파 센서 값 부분을 함수로 만들어주세요. 재사용할 것입니다.
다음을 추가해주세요.
setup함수에서 FND에 '1234'를 출력하고, 2초 후에 'START'를 출력해주세요.

 다음은 요구사항을 반영하여 수정된 코드입니다. 초음파 센서 값을 계산하는 부분을 getDistance() 함수로 만들어주고, setup()의 FND에 '1234'를 출력한 후 2초 후에 'START'를 출력하도록 합니다. 이전과 동일한 코드입니다.

10-3-2.ino

```
#include <TM1637TinyDisplay.h>
#include <LedControl.h>

// 초음파센서핀 번호
#define ECHO_PIN A4
#define TRIG_PIN A5

// MAX7219 핀번호
#define MAX7219_DIN_PIN A2
#define MAX7219_CS_PIN 13
#define MAX7219_CLK_PIN 12

// TM1637 핀번호
#define CLK_PIN 9
#define DIO_PIN 10

// 초음파센서변수
long duration;
int distance;

// MAX7219 변수
LedControl lc = LedControl(MAX7219_DIN_PIN, MAX7219_CLK_PIN, MAX7219_CS_PIN, 1);
```

```cpp
int delaytime = 200;

// TM1637 변수
TM1637TinyDisplay display(CLK_PIN, DIO_PIN);

void setup() {
  pinMode(TRIG_PIN, OUTPUT);
  pinMode(ECHO_PIN, INPUT);

  lc.shutdown(0, false);
  lc.setIntensity(0, 8);
  lc.clearDisplay(0);

  display.setBrightness(1);
  display.showNumberDec(1234, false);
  delay(2000);
  display.clear();

  lc.shutdown(0, false);
  lc.setIntensity(0, 8);
  lc.clearDisplay(0);

  display.showString("START");
  delay(1000);
}

float getDistance() {
  digitalWrite(TRIG_PIN, LOW);
  delayMicroseconds(2);
  digitalWrite(TRIG_PIN, HIGH);
  delayMicroseconds(10);
  digitalWrite(TRIG_PIN, LOW);

  float duration = pulseIn(ECHO_PIN, HIGH);
  float distance = duration * 0.034 / 2;

  return distance;
}

void loop() {
  float distance = getDistance();

  // 거리 TM1637 FND에출력
  display.showNumberDec(distance, false);

  if (distance >= 5 && distance <= 20) {
    lc.clearDisplay(0);
    lc.setRow(0, 0, B00011000);
    delay(100);
```

```
    lc.clearDisplay(0);
    lc.setRow(0, 0, B00111100);
    delay(100);

    lc.clearDisplay(0);
    lc.setRow(0, 0, B01111110);
    delay(100);

    lc.clearDisplay(0);
    lc.setRow(0, 0, B11111111);
    delay(100);
  } else {
    lc.clearDisplay(0);
  }
  delay(50);
}
//10-3-2
```

> **작가의 한 마디**
>
> 일부 변수가 바뀌어 편의상 변수는 수정을 하였습니다. 변수가 바뀌지 않게 하려면 미리 정해주면 됩니다. 챗GPT를 사용하는 것이므로 이후에도 변수 또는 코드는 사용자의 편의에 따라 수정해서 재사용하면 됩니다.
> 위 코드는 챗GPT가 제안한 (distance >= 5 && distance <= 200) 조건문을
> 테스트하기에 거리 값이 멀어 (distance >= 5 && distance <= 20) 으로 수정했습니다.

결과확인

[▶ 업로드] 버튼을 눌러 코드를 업로드합니다.

제시한 '1234'가 출력되고 'START' 문자가 출력되는지 확인합니다. 초음파센서 값이 FND에 출력되는지 확인합니다. 거리에 따라 MAX7219 모양 값이 변하는지 확인합니다.

MAX7219 도트매트릭스를 사용해서, 하트모양, 스마일모양, 슬픈 모양을 출력할 것입니다. 하트모양 배열 이름은 heart, 스마일모양 배열 이름은 smile, 슬픈 모양 배열 이름은 sad.
TM1637TinyDisplay display(CLK_PIN, DIO_PIN);
이전에 사용한 getDistance() 함수를 계속 사용할 것입니다.
초음파센서로 거리 값을 구하고 FND에 출력해주세요.
초음파센서 값 5~10 사이는 heart 배열을 MAX7219 도트매트릭스에 출력해주세요.
초음파센서 값 10~20 사이는 smile 배열을 MAX7219 도트매트릭스에 출력해주세요.
초음파센서 값 20 이상은 sad 배열을 MAX7219 도트매트릭스에 출력해주세요.

아래에 기재하신 사항에 대한 명확한 수정사항입니다. 이전에 코드에서 MAX7219 도트매트릭스와 관련된 코드만 수정했습니다.
MAX7219 도트매트릭스와 TM1637 FND 모두 SPI 통신을 사용하기 때문에 2개의 디바이스가 충돌하지 않도록 주의해야 합니다.
이를 방지하기 위해 2개의 디바이스 CS 핀을 서로 다른 핀으로 연결해야 합니다.

> **작가의 한 마디**
> byte heart[8] = {0x66, 0xFF, 0xFF, 0xFF, 0x7E, 0x3C, 0x18, 0x00};
> byte smile[8] = {0x3C, 0x42, 0xA5, 0x81, 0xA5, 0x99, 0x42, 0x3C};
> byte sad[8] =   {0x3C, 0x42, 0xA5, 0x81, 0x99, 0xA5, 0x42, 0x3C};
> 하트부분이 출력되지 않아 16진수로 값을 알려주니 챗GPT가 수정하여 반영했습니다.

10-3-3.ino

```
#include <TM1637TinyDisplay.h>
#include <LedControl.h>

// 초음파센서핀 번호
#define ECHO_PIN A4
#define TRIG_PIN A5

// MAX7219 핀번호
#define MAX7219_DIN_PIN A2
#define MAX7219_CS_PIN 13
#define MAX7219_CLK_PIN 12

// TM1637 핀번호
#define CLK_PIN 9
#define DIO_PIN 10

// MAX7219 변수
LedControl lc = LedControl(MAX7219_DIN_PIN, MAX7219_CLK_PIN, MAX7219_CS_PIN, 1);

// TM1637 변수
TM1637TinyDisplay display(CLK_PIN, DIO_PIN);

// Define the heart shape
byte heart[8] = {0x66, 0xFF, 0xFF, 0xFF, 0x7E, 0x3C, 0x18, 0x00};
// Define the smile shape
```

```cpp
byte smile[8] = {0x3C, 0x42, 0xA5, 0x81, 0xA5, 0x99, 0x42, 0x3C};
// Define the sad shape
byte sad[8] =   {0x3C, 0x42, 0xA5, 0x81, 0x99, 0xA5, 0x42, 0x3C};

void setup() {
  pinMode(TRIG_PIN, OUTPUT);
  pinMode(ECHO_PIN, INPUT);

  display.setBrightness(1);
  display.showNumberDec(1234);
  delay(2000);
  display.clear();

  lc.shutdown(0,false);
  lc.setIntensity(0,5);
  lc.clearDisplay(0);
}

int getDistance() {
  digitalWrite(TRIG_PIN, LOW);
  delayMicroseconds(2);
  digitalWrite(TRIG_PIN, HIGH);
  delayMicroseconds(10);
  digitalWrite(TRIG_PIN, LOW);

  long duration = pulseIn(ECHO_PIN, HIGH);
  int distance = duration * 0.034 / 2;

  display.showNumberDec(distance);
  delay(200);

  return distance;
}

void loop() {
  int distance = getDistance();

  if (distance >= 5 && distance < 10) {
    for (int i = 0; i < 8; i++) {
      lc.setRow(0, i, heart[i]);
    }
  }
  elseif (distance >= 10 && distance < 20) {
    for (int i = 0; i < 8; i++) {
      lc.setRow(0, i, smile[i]);
    }
  }
  else {
    for (int i = 0; i < 8; i++) {
      lc.setRow(0, i, sad[i]);
```

```
      }
    }
  }
//10-3-3
```

위 코드에서 int distance = getDistance();부분은 getDistance() 함수가 호출되어 초음파 센서에서 거리 값을 읽고 변수 distance에 저장합니다.

그리고 display.showNumberDec(distance, false);부분에서 FND에 최종값을 출력합니다.

거리 값에 따라 MAX7219 도트매트릭스에 출력할 모양을 선택하고 출력하는 부분도 getDistance()를 사용하여 코드를 변경했습니다.

결과확인

[업로드] 버튼을 눌러 코드를 업로드합니다. 손이나 물체를 가까이 대어 초음파센서에서 계산한 거리값이 FND에 출력되고, 거리에 따른 배열모양(하트, 스마일, 슬픈)이 출력되는지 확인합니다.

초음파센서 값: 5~10 사이 ─〉 하트모양 출력

초음파센서 값: 10~20 사이 ─〉 스마일모양 출력

초음파센서 값: 20이상 ─〉 슬픈모양 출력

04 챗GPT와 전자피아노 만들기

키보드입력을 통해서 피에조부저를 제어하여 전자피아노를 만듭니다.
각각의 음계에 따라 도트매트릭스의 LED를 막대 표시로 만들어 시각적 효과를 나타냅니다.

사용부품

아래의 부품을 준비합니다.

부품명	수량	부품명	수량
피에조부저	1개	수-수 점퍼케이블	4개
도트매트릭스 MAX7219 모듈	1개	암-수 점퍼케이블	5개

회로연결

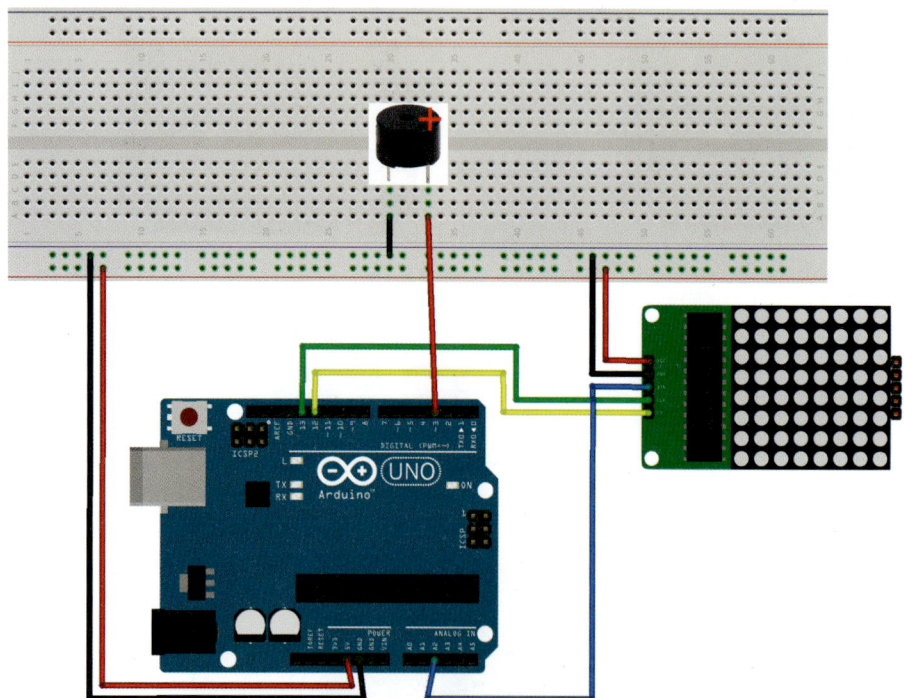

다음과 같이 피에조부저, MAX7219를 아두이노에 연결합니다.

부품	아두이노	부품	아두이노
부저+	D3	도트매트릭스 MAX7219 DIN	A2
도트매트릭스 MAX7219 VCC	5V	도트매트릭스 MAX7219 CS	D13
도트매트릭스 MAX7219 GND	GND	도트매트릭스 MAX7219 CLK	D12

인공지능 쉴드를 사용하는 경우 암-암 점퍼선을 이용하여 MAX7219 모듈의 DIN은 A2 번 핀에, CS는 13번 핀에, CLK는 12번 핀에 연결합니다.

인공지능 쉴드의 피에조부저 위치는 다음 위치에 연결되어 있습니다.

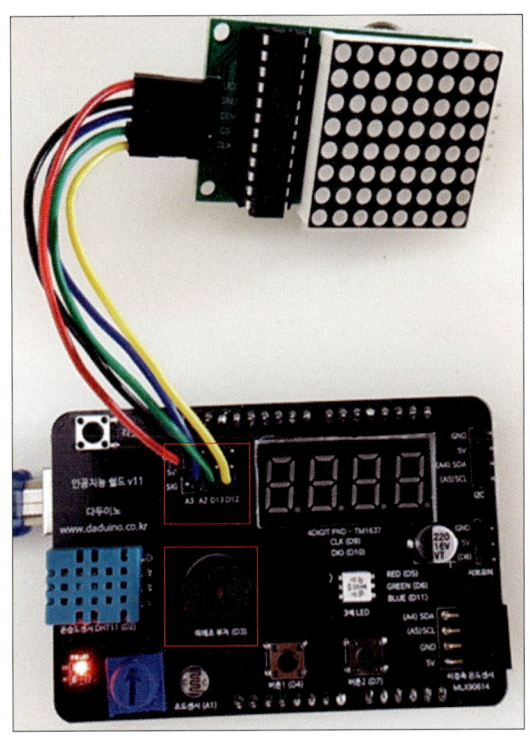

실습하기

먼저, 피에조부저를 시리얼 통신으로 제어하기 위해 다음의 질문을 합니다.

 아두이노 보드에 피에조부저를 3번 핀에 연결해주세요.
❶ 시리얼 통신으로 입력값(변수이름은 input)에 따라 피에조부저 출력을 제어할 것입니다.
❷ input이 a 이면 tone함수로 도 음계를 0.5초간 출력
❸ input이 b 이면 tone함수로 레 음계를 0.5초간 출력
❹ input이 없으면 소리를 멈춥니다.

 아래는 입력값에 따라 피에조부저를 제어하는 코드입니다. 피에조부저는 3번 핀에 연결되어 있습니다.

10-4-1.ino

```arduino
int buzzerPin = 3; // 피에조부저가 연결된 핀

void setup() {
  Serial.begin(9600); // 시리얼 통신 시작

  pinMode(buzzerPin, OUTPUT); // 피에조부저를 출력 모드로 설정
}

void loop() {
  if (Serial.available()) { // 시리얼 입력이 있는지 확인
    char input = Serial.read(); // 입력 값을 읽음

    // 입력 값에 따라 피에조부저 출력 제어
    if (input == 'a') {
      tone(buzzerPin, 262, 500); // 도 음계를 0.5초 동안 출력
    }
    else if (input == 'b') {
      tone(buzzerPin, 294, 500); // 레 음계를 0.5초 동안 출력
    }
    else {
      noTone(buzzerPin); // 입력이 없으면 소리를 멈춤
    }
  }
}
//10-4-1
```

위 코드에서 Serial.available()은 입력이 있는지 확인하고, Serial.read()는 입력값을 읽습니다. input변수에 저장된 값이 'a'이면 tone()을 이용하여 도 음계를 출력하고, 'b'라면 레 음계를 출력합니다. noTone()을 이용하여 멈춥니다.

결과확인

[🔼업로드] 버튼을 눌러 코드를 업로드 한 다음 [🔍시리얼 모니터]를 열고 입력합니다. 시리얼 모니터 전송창에 'a', 'b'를 입력하고 전송하여 도, 레 음계가 인공지능 쉴드의 피에조부저에서 0.5초 간 출력하는지 확인합니다.

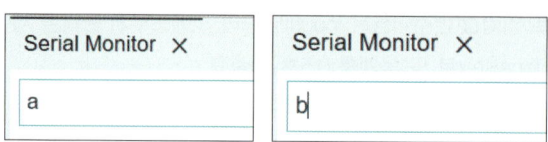

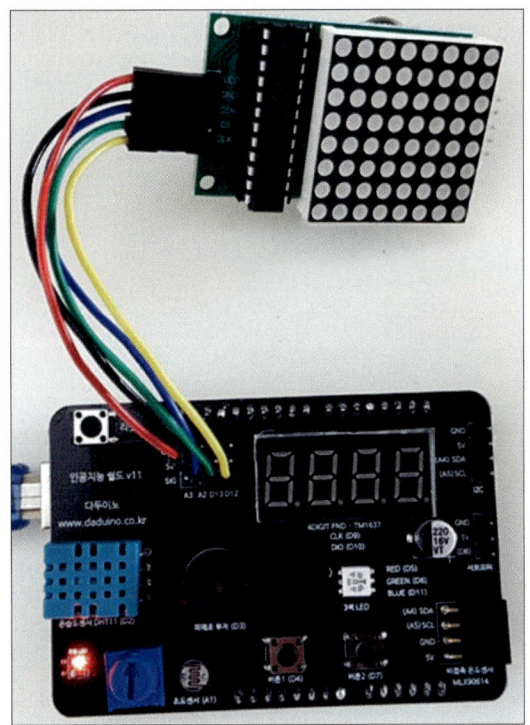

❶ 라이브러리는 LedControl.h를 사용해주세요.
❷ MAX7219 도트매트릭스 모듈은 1개를 사용하고,
❸ 변수로 다음 내용 처리해주세요.. DIN은 A2핀에, CS는 13번 핀에, CLK는 12번 핀에 연결되어 있습니다.
❹ 시리얼 통신으로 입력을 받을 거야, 변수는 input 으로 해주세요.
❺ SetRow 함수 사용해서 LED를 0.5초간 켜고 끌 것입니다. 키보드 입력 a,s,d,f,g,h,j,k 에 따라 도트매트릭스 LED가 1개~ 8개까지 켜기

아래는 LedControl을 사용하여 입력에 따라 MAX7219 도트매트릭스 모듈의 LED를 제어하는 코드입니

10-4-2.ino

```
#include <LedControl.h>

constint DIN_PIN = A2;
const int CS_PIN = 13;
const int CLK_PIN = 12;

LedControl lc = LedControl(DIN_PIN, CLK_PIN, CS_PIN, 1);

// 입력받을 변수
char input;
```

```cpp
void setup() {
  // 시리얼 통신 초기화
  Serial.begin(9600);

  // 라이브러리초기화
  lc.shutdown(0, false);   // 도트매트릭스 모듈 활성화
  lc.setIntensity(0, 8);   // LED 밝기 설정
  lc.clearDisplay(0);      // 도트매트릭스 모듈 초기화
}

void loop() {
  // 시리얼 통신으로 입력 받기
  if (Serial.available()) {
    input = Serial.read();

    // 입력에따라 LED 켜기
    switch (input) {
      case 'a':
        lc.setRow(0, 0, 0b00000001);   // 1행, 1번째 LED 켜기
        delay(500);
        lc.setRow(0, 0, 0b00000000);   // 1행, 1번째 LED 끄기
        break;

      case 's':
        lc.setRow(0, 1, 0b00000011);   // 2행, 1,2번째 LED 켜기
        delay(500);
        lc.setRow(0, 1, 0b00000000);   // 2행, 1,2번째 LED 끄기
        break;
      case 'd':
        lc.setRow(0, 2, 0b00000111);   // 3행, 1,2,3번째 LED 켜기
        delay(500);
        lc.setRow(0, 2, 0b00000000);   // 3행, 1,2,3번째 LED 끄기
        break;

      case 'f':
        lc.setRow(0, 3, 0b00001111);   // 4행, 1,2,3,4번째 LED 켜기
        delay(500);
        lc.setRow(0, 3, 0b00000000);   // 4행, 1,2,3,4번째 LED 끄기
        break;

      case 'g':
        lc.setRow(0, 4, 0b00011111);   // 5행, 1,2,3,4,5번째 LED 켜기
        delay(500);
        lc.setRow(0, 4, 0b00000000);   // 5행, 1,2,3,4,5번째 LED 켜기
        break;
```

```
    case 'h':
      lc.setRow(0, 5, B00111111); // 6행, 1,2,3,4,5,6번째 LED 켜기
      delay(500);
      lc.setRow(0, 5, B00000000);// 6행, 1,2,3,4,5,6번째 LED 켜기
      break;

    case 'j':
      lc.setRow(0, 6, B01111111);// 7행, 1,2,3,4,5,6,7번째 LED 켜기
      delay(500);
      lc.setRow(0, 6, B00000000);// 7행, 1,2,3,4,5,6,7번째 LED 켜기
      break;

    case 'k':
      lc.setRow(0, 7, B11111111);// 8행, 1,2,3,4,5,6,7,8번째 LED 켜기
      delay(500);
      lc.setRow(0, 7, B00000000);// 8행, 1,2,3,4,5,6,7,8번째 LED 켜기
      break;

    default:
      break;
    }
  }
}
//10-4-2
```

이 코드에서는 먼저 MAX7219 모듈에 사용되는 핀을 정의하고 LedControl 라이브러리의 인스턴스를 생성합니다. 직렬 통신을 위한 입력 변수도 정의합니다.

setup()기능 에서 디스플레이를 깨우고 밝기를 설정하고 디스플레이를 지우는 방식으로 직렬 통신을 초기화하고 MAX7219 모듈을 설정합니다.

loop()함수 에서 직렬 포트에서 사용 가능한 입력이 있는지 확인합니다. 있는 경우 입력을 읽고 어떤 문자가 입력되었는지 확인합니다. 문자에 따라 함수를 사용하여 LED 행을 설정하고 setRow()행을 설정하여 LED 행을 끄기 전에 500밀리초 동안 지연합니다.

❶ 위의 코드에 다음 내용을 추가해주세요.
❷ 아두이노 보드에 피에조부저를 3번 핀에 연결해주세요.
❸ 키보드 입력 a,s,d,f,g,h,j,k에 따라 낮은 도 ~ 높은 도까지 0.5초 동안만 tone함수를 이용해서 출력해주고, 입력이 없으면 소리 끄고, LED도 끄기

```
if (Serial.available() > 0) {
  input = Serial.read();
  switch (input) {
    case 'a':
      tone(BUZZER_PIN, 262, 500); // 도
      lc.setRow(0, 0, B00000001);
      break;
    case 's':
      tone(BUZZER_PIN, 294, 500); // 레
      lc.setRow(1, 0, B00000011);
      break;
    case 'd':
      tone(BUZZER_PIN, 330, 500); // 미
      lc.setRow(2, 0, B00000111);
      break;
```

> **작가의 한 마디**
>
> 도트매트릭스가 1개 인데 여러 개 디바이스로 인식한 코드가 출력되어 다음과 같이 수정 요청했습니다.
> 같은 내용을 다시 질문해도 항상 같은 코드를 알려 주지는 않습니다.
> 챗GPT를 통해 학습하며 다양한 방법으로 다양한 코드를 작성할 수 있습니다.
> 따라서, 챗GPT 학습 시점에 따라 챗GPT가 출력해 준 코드는 다를 수 있습니다.

도트매트릭스는 1개뿐이야, setRow(0,1,B11111111); 이렇게 수정해 주세요.

알겠습니다. 코드를 수정하겠습니다.

10-4-3.ino

```
#include <LedControl.h>

const int DIN_PIN = A2;
const int CS_PIN = 13;
const int CLK_PIN = 12;

LedControl lc = LedControl(DIN_PIN, CLK_PIN, CS_PIN, 1);
```

```
int buzzerPin = 3;
char input;

void setup() {
  // 시리얼 통신 초기화
  Serial.begin(9600);

  // 라이브러리초기화
  lc.shutdown(0, false);   // 도트매트릭스 모듈 활성화
  lc.setIntensity(0, 8);   // LED 밝기 설정
  lc.clearDisplay(0);      // 도트매트릭스 모듈 초기화

  pinMode(buzzerPin, OUTPUT);
}

void loop() {
  // 시리얼 통신으로 입력 받기
  if(Serial.available()>0){
    input = Serial.read();

    // 입력에따라 LED 켜기
    switch(input){
      case 'a':
        tone(buzzerPin, 262, 500);

        lc.clearDisplay(0);
        lc.setRow(0, 0, B00000001);
        delay(500);

        noTone(buzzerPin);

        //lc.clearDisplay(0); //작가는이부분을 삭제하여 LED 잔상을 남김
        break;

      case 's':
        tone(buzzerPin, 294, 500);

        lc.clearDisplay(0);
        lc.setRow(0, 1, B00000011);
        delay(500);

        noTone(buzzerPin);

        // lc.clearDisplay(0);
```

```
      break;

  case 'd':
    tone(buzzerPin, 330, 500);

    lc.clearDisplay(0);
    lc.setRow(0, 2, B00000111);
    delay(500);

    noTone(buzzerPin);

    //lc.clearDisplay(0);
    break;

  case 'f':
    tone(buzzerPin, 349, 500);

    lc.clearDisplay(0);
    lc.setRow(0, 3, B00001111);
    delay(500);

    noTone(buzzerPin);

    //lc.clearDisplay(0);
    break;

  case 'g':
    tone(buzzerPin, 392, 500);

    lc.clearDisplay(0);
    lc.setRow(0, 4, B00011111);
    delay(500);

    noTone(buzzerPin);

    //lc.clearDisplay(0);
    break;

  case 'h':
    tone(buzzerPin, 440, 500);

    lc.clearDisplay(0);
    lc.setRow(0, 5, B00111111);
    delay(500);
```

```
        noTone(buzzerPin);

       // lc.clearDisplay(0);
        break;

      case 'j':
        tone(buzzerPin, 494, 500);

        lc.clearDisplay(0);
        lc.setRow(0, 6, B01111111);
        delay(500);

        noTone(buzzerPin);

        //lc.clearDisplay(0);
        break;

      case 'k':
        tone(buzzerPin, 523, 500);

        lc.clearDisplay(0);
        lc.setRow(0, 7, B11111111);
        delay(500);

        noTone(buzzerPin);
        //lc.clearDisplay(0);
        break;

      default:
        noTone(buzzerPin);
        lc.clearDisplay(0);
        break;
    }
  }
}
//10-4-3
```

위 코드에서는 LedControl을 사용하여 MAX7219 도트매트릭스 모듈을 1개만 사용하도록 수정했고, setRow는 2번째에 행 번호를 지정하여 특정 행에만 LED를 켜도록 합니다.
또한 tone을 이용하여 입력한 키에 해당하는 음계를 0.5초간 출력합니다.

결과확인

[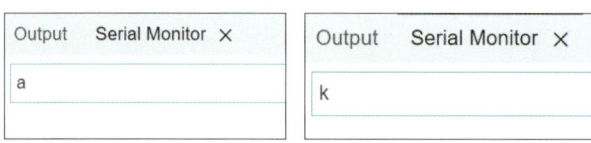업로드] 버튼을 눌러 코드를 업로드 한 다음 [시리얼 모니터]를 열고 입력합니다. 시리얼 모니터 전송창에 a,s,d,f,g,h,j,k를 입력하고 전송(CTRL+[Enter]키)하여 피에조부저의 소리음계와 입력문자에 따른 도트매트릭스 변화를 확인합니다.

▲ a를 전송:'도'출력,LED는 1행에 1개 출력

▲ k를 전송: 높은'도'출력,LED는 8행에 8개 출력

다음의 시리얼플로터에서 문자를 여러 개 보내고 한 번에 확인할 수 있습니다.

[dsasdddsssddd dsasddd ssdsa]

[미레도레미미미레레레미미미 미레도레미미미 레레미레도]

05 챗GPT와 게임기 만들기

챗GPT에게 사용할 부품을 알려주고 게임기 만들기를 요청합니다.
버튼2개와 MAX7219 도트매트릭스로 게임기를 만들어봅니다.

사용부품

아래의 부품을 준비합니다.

부품명	수량	부품명	수량
버튼	2개	수-수 점퍼케이블	6개
10K옴 저항(갈빨검검갈)	2개	암-수 점퍼케이블	5개
도트매트릭스 MAX7219 모듈	1개		

회로연결

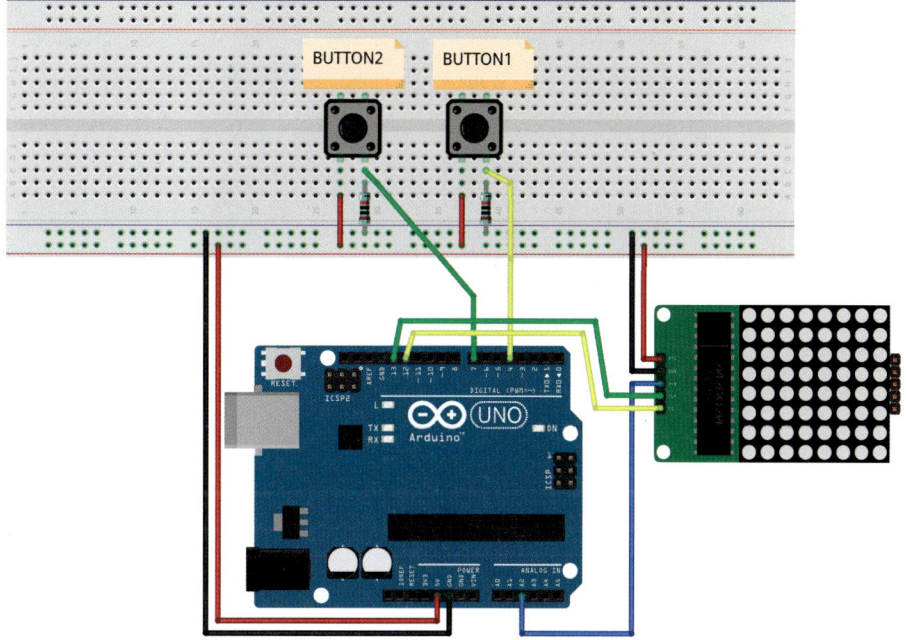

다음과 같이 버튼 2개, MAX7219를 아두이노에 연결합니다.

부품	아두이노	부품	아두이노
버튼1	D4	도트매트릭스 MAX7219 DIN	A2
버튼2	D7	도트매트릭스 MAX7219 CS	D13
도트매트릭스 MAX7219 VCC	5V	도트매트릭스 MAX7219 CLK	D12
도트매트릭스 MAX7219 GND	GND		

인공지능 쉴드를 사용하는 경우 암-암 점퍼선을 이용하여

MAX7219 모듈의 DIN은 A2 번 핀에, CS는 13번 핀에, CLK는 12번 핀에 연결합니다.

인공지능 쉴드의 버튼1, 버튼2의 위치는 다음 위치에 연결되어 있습니다.

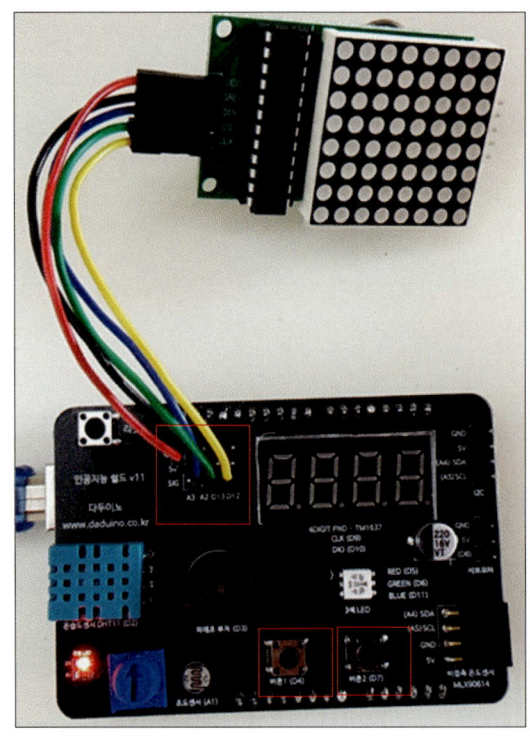

실습하기

 MAX7219 도트매트릭스 1개, 버튼 2개로 아두이노 게임기 만들기 방법을 알려주세요.

 아두이노와 MAX7219 도트매트릭스 모듈 그리고 버튼 2개로 게임을 만드는 방법입니다.

필요한 부품

아두이노 보드, MAX7219 도트매트릭스 모듈, 푸시 버튼 스위치 (2개), 저항(220옴 x 8, 10k옴 x 1), 점퍼 와이어

회로 구성

MAX7219 도트매트릭스 모듈의 VCC와 GND 핀을 아두이노 보드의 5V와 GND 핀에 연결합니다.
MAX7219 도트매트릭스 모듈의 DIN, CS, CLK 핀을 아두이노 보드의 A2번, 13번, 12번 핀에 연결합니다.
2개의 푸시 버튼 스위치를 각각 아두이노 보드의 2번 핀과 3번 핀에 연결합니다.
각각의 스위치와 위치 핀에 10kΩ 저항을 연결합니다.

개발자 코드를 작성하여 작업을 수행합니다.

❶ MAX7219파일 설치: 스케치(Sketch) → 라이브러리 포함하기(Include Library) → 라이브러리 관리(Manage Libraries) 클릭
❷ 검색창에 "MAX7219" 입력 후, "LedControl by Eberhard Fahle" 설치
❸ 코드 작성: 아래 코드를 아두이노 IDE에 복사하여 업로드 합니다.

게임 실행

Button1을 재생하면 player1의 점수가 증가합니다.
Button2를 재생하면 player2의 점수가 증가합니다.
각 플레이어의 점수는 10의 자리수와 1의 자리수로 나누어서 점매트릭스에 표시됩니다.
그런 방식으로 간단한 게임을 만들 수 있습니다. 이 코드를 기반으로 다양한 게임을 만들어보세요!

> **❝ 작가의 한 마디**
> 챗GPT가 위에서 제안한 게임기 내용이 마음에 들면 진행하고, 그렇지 않으면 다른 형태 코드를 요청합니다. 챗GPT에서 제안한 코드와 여러분이 직접 만든 코드를 합쳐서 만들면 보다 빠르고 정확한 코드를 작성할 수 있습니다. 풀다운저항 방식의 연결 방법을 요청했는데 풀업저항 방식의 코드를 여러 번 출력해 주었습니다. 사용자가 수정하며 필요에 맞게 사용합니다.
> 다음 질문은 부품이 회로에 연결된 위치를 알려주고, 버튼 스위치 방식도 알려주어 답변을 요청합니다.

❶ MAX7219 도트매트릭스 1개, 버튼 2개를 사용해서 재미있는 아두이노 게임기 만들기 방법 알려주세요.
❷ 라이브러리는 LedControl.h를 사용해주세요.
❸ MAX7219 도트매트릭스 모듈은 1개를 사용해. 버튼은 2개를 사용할 것입니다.
❹ DIN은 A2핀에, CS는 13번 핀에, CLK는 12번 핀에 연결되어 있습니다. DIN,CS,CLK는 상수로 만들어주세요.
❺ 버튼 1은 4번 핀에, 버튼 2는 7번 핀에 풀다운저항 방식으로 연결되어 있습니다.

아두이노 게임을 만드는 방법은 다음과 같습니다.

❶ 게임 규칙 정하기

게임 규칙을 먼저 정해야 합니다. 예를 들어, 블록을 피하는 게임을 만들 수 있습니다. 이 게임에서는 LED 매트릭스가 한 행이 되어갑니다. 플레이어는 버튼을 눌러 옷을 입어야 합니다.

❷ LedControl 설치

❸ 회로 구성

MAX7219 도트 매트릭스 모듈과 버튼을 아두이노에 연결해야 합니다. DIN, CS, CLK 핀은 예외로 정의합니다.

버튼 1과 버튼 2는 각각 4번 핀과 7번 핀에 연결되어 있습니다. 풀다운 저항 방식으로 연결합니다.

10-5-0.ino(챗GPT제시)

```
const int DIN_PIN = A2;
const int CS_PIN = 13;
const int CLK_PIN = 12;
```

❹ 코드 작성

게임의 규칙과 함께 다음 코드를 이어서 작성합니다. 다음은 블록을 만드는 예제 코드입니다. 게임 규칙에 따라 코드를 수정하세요.

10-5-0.ino(챗GPT제시)

```
#include <LedControl.h>

constint DIN_PIN  =  A2;
const int CS_PIN  = 13;
const int CLK_PIN  =  12;

// LedControl 객체생성
LedControl lc = LedControl(DIN_PIN, CLK_PIN, CS_PIN, 1);

// 버튼핀 상수 정의
const int BUTTON_1_PIN = 4;
const int BUTTON_2_PIN = 7;
```

```
void setup() {
  // 매트릭스 초기화
  lc.shutdown(0, false);
  lc.setIntensity(0, 8);
  lc.clearDisplay(0);

  // 버튼입력 설정
  pinMode(BUTTON_1_PIN, INPUT_PULLUP);
  pinMode(BUTTON_2_PIN, INPUT_PULLUP);
}

void loop() {
  // 매트릭스에 블록 그리기
  for (int row = 0; row < 8; row++) {
    lc.setRow(0, row, B11111111);
    delay(100);
    lc.setRow(0, row, B00000000);
  }

  // 버튼입력 처리
  if (digitalRead(BUTTON_1_PIN) == LOW) {
    // 버튼 1 눌림 처리
  }
  if (digitalRead(BUTTON_2_PIN) == LOW) {
    // 버튼 2 눌림 처리
  }
}
//10-5-0챗GPT 코드 참고
```

❶ 위의 코드에서 pinMode의 INPUT_PULLUP은 INPUT으로 수정해 주세요.
다음은 게임규칙입니다.
❷ 버튼1을 누르면 임의의 행에 LED를 켜고, 버튼2을 누르면 임의의 행에 LED를 끄기
❸버튼1을 누르면 player1의 점수가 증가, 버튼1을 누르면 player2의 점수가 증가

수정한 코드는 다음과 같습니다.

10-5-1.ino

```
#include <LedControl.h>// LedControl 라이브러리를 불러옵니다.

constint DIN_PIN = A2;// DIN 핀 번호
const int CS_PIN = 13;// CS 핀 번호
const int CLK_PIN = 12;// CLK 핀 번호

// 버튼핀 상수 정의
const int BUTTON_1_PIN = 4;// 버튼 1 핀 번호
```

```cpp
// 버튼핀 상수 정의
const int BUTTON_1_PIN = 4;// 버튼 1 핀 번호
const int BUTTON_2_PIN = 7;// 버튼 2 핀 번호

constint NUM_ROWS = 8;
const int NUM_COLS = 8;

//LedControl 라이브러리를 이용하여 객체 생성
LedControl lc = LedControl(DIN_PIN, CLK_PIN, CS_PIN, 1);

int player1Score = 0;
int player2Score = 0;

void setup() {
  // MAX7219 매트릭스 초기화
  lc.shutdown(0, false);// 0번째 도트매트릭스를 깨움
  lc.setIntensity(0, 8); // 밝기 설정
  lc.clearDisplay(0);// 초기화

  // 버튼입력 설정
  pinMode(BUTTON_1_PIN, INPUT);// 버튼 1을 풀다운 저항으로 입력 모드 설정
  pinMode(BUTTON_2_PIN, INPUT);// 버튼 2을 풀다운 저항으로 입력 모드 설정

randomSeed(analogRead(0));
}

void loop() {
  int button1State = digitalRead(BUTTON_1_PIN);
  int button2State = digitalRead(BUTTON_2_PIN);

  // 버튼입력 처리
  if (button1State == HIGH) {
    // 버튼 1 눌림 처리
    int row = random(NUM_ROWS);

    lc.setRow(0, row, B11111111);

    player1Score++; // 점수 1 증가
    delay(100);
  }

  if (button2State == HIGH) {
    // 버튼 2 눌림처리
    int row = random(NUM_ROWS);

    lc.setRow(0, row, B00000000);

    player2Score++; // 점수 1 증가
    delay(100);
  }
}
//10-5-1
```

위의 코드는 LED매트릭스를 이용한 간단한 게임을 만드는 코드입니다.

코드의 내용은 다음과 같습니다.

LedControl을 불러와 사용합니다.

버튼이 입력을 감지합니다.

버튼 1이 눌리면 랜덤한 행에 모든 열의 LED를 켜고, player1Score를 1 증가시키고, delay(100)을 선택합니다.

버튼 2가 눌리면 랜덤한 행에 모든 열의 LED를 끄고, player2Score를 1 증가시키고, delay(100)을 선택합니다.

해당 코드는 단순히 LED 매트릭스와 버튼만으로 게임을 구현하기 때문에, 추가적인 로직을 구현하여 게임을 더욱 발전시킬 수 있습니다.

결과확인

[업로드] 버튼을 눌러 코드를 업로드합니다.

버튼 1, 버튼 2를 눌러보며 랜덤한 행 LED가 켜지고 꺼지는지 확인합니다.

버튼게임기 동작 동영상

https://youtube.com/shorts/ogJ9o3LVgKA

도트매트릭스 숫자를 이용해서 마방진 게임을 합니다.

1~ 9 까지 랜덤하게 나오는 숫자를 마방진 빈칸에 먼저 적는 팀이 이깁니다.

마방진에 적는 규칙은 각자 정해봅니다. 출력되는 숫자만 적을 수 있거나 아니면,

1 다음에 반드시 2가 나오고 1 ~ 9 까지 순서대로 적을 수 있다는 규칙을 정하면 됩니다.

다음은 3x3 마방진의 예시입니다.

8	3	4
1	5	9
6	7	2

4	9	2
3	5	7
8	1	6

먼저 도트매트릭스에 숫자가 잘 출력되는지 알아봅니다.

❶ 라이브러리는 LedControl.h를 사용해주세요.
❷ MAX7219 도트매트릭스 모듈은 1개를 사용하고, 버튼은 2개를 사용할 것입니다.
❸ DIN은 A2핀에, CS는 13번 핀에, CLK는 12번 핀에 연결되어 있습니다. DIN, CS, CLK는 상수로 만들 어주세요.
❹ 도트매트릭스에 '0'~ '9' 까지 글자를 1초 간격으로 출력해주세요.

코드는 다음과 같습니다.

10-5-2.ino

```
#include <LedControl.h>

#define DIN_PIN A2
#define CS_PIN 13
#define CLK_PIN 12

// LedControl 객체생성
LedControl lc = LedControl(DIN_PIN, CLK_PIN, CS_PIN, 1);

const byte NUMBERS[10][8] = {
  {
    B00011000,
    B00100100,
    B01000010,
    B01000010,
```

```
    B01000010,
    B01000010,
    B00100100,
    B00011000
},//0
{
    B00001000,
    B00011000,
    B00101000,
    B00001000,
    B00001000,
    B00001000,
    B00001000,
    B00011100
},//1
{
    B00111000,
    B01000100,
    B00000100,
    B00001000,
    B00010000,
    B00100000,
    B01000000,
    B01111100
},//2
{
    B00111000,
    B01000100,
    B00000100,
    B00011000,
    B00000100,
    B00000100,
    B01000100,
    B00111000
},//3
{
    B00010000,
    B00110000,
    B01010000,
    B10010000,
    B11111000,
    B00010000,
    B00010000,
    B00010000
},//4
{
```

```
    B01111100,
    B01000000,
    B01000000,
    B01111000,
    B00000100,
    B00000100,
    B01000100,
    B00111000
  },//5
  {
    B00011000,
    B00100000,
    B01000000,
    B01111000,
    B01000100,
    B01000100,
    B01000100,
    B00111000
  },//6
  {
    B01111100,
    B00000100,
    B00001000,
    B00010000,
    B00100000,
    B01000000,
    B01000000,
    B01000000
  },//7
  {
    B00111000,
    B01000100,
    B01000100,
    B00111000,
    B01000100,
    B01000100,
    B01000100,
    B00111000
  },//8
  {
    B00111000,
    B01000100,
    B01000100,
    B01000100,
    B00111100,
    B00000100,
```

```
    B01000100,
    B00111000
  }//9
};

void setup() {
  lc.shutdown(0, false);
  lc.setIntensity(0, 8);
  lc.clearDisplay(0);
}

void loop() {
  const int delayTime = 1000; // 1 second

  for (int numIndex = 0; numIndex < 10; numIndex++) {

    lc.clearDisplay(0);

    for (int rowIndex = 0; rowIndex < 8; rowIndex++) {
      const byte row = NUMBERS[numIndex][rowIndex];

      lc.setRow(0, rowIndex, row);
    }
    delay(delayTime);
  }
}
//10-5-2
```

LedControl을 사용하는 MAX7219 도트매트릭스 모듈을 제어하는 코드입니다.

NUMBERS배열에 0부터 9까지의 숫자에 대한 바이트 배열을 미리 저장해 두었습니다. setup()에서는 LedControl을 조작하고, 디스플레이를 지울 수 있습니다.

loop()는 1초 동안 NUMBERS배열에 대표적인 숫자를 표시합니다. 각 바이트 배열은 8개의 8x8 비트이고, lc.setRow()는 디스플레이의 각 행에 바이트 배열의 비트값을 적용하는 방식으로 출력합니다.

결과확인

[🔼 업로드] 버튼을 눌러 코드를 업로드합니다. 1초 동안 숫자 '0'~'9'까지 출력되는 것을 확인합니다.

숫자출력 동작 동영상

https://youtu.be/vKVymHosuXU

 다음은 추가되는 게임규칙입니다.
버튼 1은 4번 핀에, 버튼 2는 7번 핀에 연결되어 있습니다.
pinMode는 INPUT 이고,
도트매트릭스에 '1'~ '9' 까지 글자를 랜덤하게 도트매트릭스에 0.3초 동안 출력합니다.
만약 버튼1을 누르면 도트매트릭스에 숫자 출력이 멈추게 합니다.
버튼2을 누르면 다시 랜덤한 숫자를 도트매트릭스에 출력합니다.

 다음은 요구사항을 추가하여 수정한 코드입니다.

10-5-3.ino

```
#include <LedControl.h>

#define DIN_PIN A2
#define CS_PIN 13
#define CLK_PIN 12

#define BUTTON_1_PIN 4
#define BUTTON_2_PIN 7

// LedControl 객체생성
LedControl lc = LedControl(DIN_PIN, CLK_PIN, CS_PIN, 1);

int stopflag = 1;//출력을멈춤 제어

const byte NUMBERS[10][8] = {
  {
    B00011000,
    B00100100,
    B01000010,
```

```
  B01000010,
  B01000010,
  B01000010,
  B00100100,
  B00011000
},//0
{
  B00001000,
  B00011000,
  B00101000,
  B00001000,
  B00001000,
  B00001000,
  B00001000,
  B00011100
},//1
{
  B00111000,
  B01000100,
  B00000100,
  B00001000,
  B00010000,
  B00100000,
  B01000000,
  B01111100
},//2
{
  B00111000,
  B01000100,
  B00000100,
  B00011000,
  B00000100,
  B00000100,
  B01000100,
  B00111000
},//3
{
  B00010000,
  B00110000,
  B01010000,
  B10010000,
  B11111000,
  B00010000,
  B00010000,
  B00010000
},//4
```

```
{
  B01111100,
  B01000000,
  B01000000,
  B01111000,
  B00000100,
  B00000100,
  B01000100,
  B00111000
},//5
{
  B00011000,
  B00100000,
  B01000000,
  B01111000,
  B01000100,
  B01000100,
  B01000100,
  B00111000
},//6
{
  B01111100,
  B00000100,
  B00001000,
  B00010000,
  B00100000,
  B01000000,
  B01000000,
  B01000000
},//7
{
  B00111000,
  B01000100,
  B01000100,
  B00111000,
  B01000100,
  B01000100,
  B01000100,
  B00111000
},//8
{
  B00111000,
  B01000100,
  B01000100,
  B01000100,
  B00111100,
  B00000100,
  B01000100,
```

```
    B00111000
  }//9
};

void setup() {
  lc.shutdown(0, false);
  lc.setIntensity(0, 8);
  lc.clearDisplay(0);

  randomSeed(analogRead(0));

  pinMode(BUTTON_1_PIN, INPUT);
  pinMode(BUTTON_2_PIN, INPUT);
}

void makerandomNumber(){
    const int delayTime = 300;
    int randnumber = random(1, 10);//랜덤숫자 얻기

    lc.clearDisplay(0);

    for (int rowIndex = 0; rowIndex < 8; rowIndex++) {
      const byte row = NUMBERS[randnumber][rowIndex];

      lc.setRow(0, rowIndex, row);//랜덤숫자출력
    }
    delay(delayTime);
}

void loop() {

  while(stopflag){
    makerandomNumber();

    if (digitalRead(BUTTON_1_PIN) == HIGH){//
      stopflag = 0;
      break;
    }//버튼 1을누르면 글자 출력 멈춤
  }

  if (digitalRead(BUTTON_2_PIN) == HIGH){
      stopflag = 1;

      makerandomNumber();
  }//버튼 2를누르면 글자 계속 출력
}
//10-5-3
```

이 코드는 Arduino를 사용하여 LED 도트 매트릭스에 0.3초 동안 1부터 9까지의 임의의 숫자를 출력하는 코드입니다.

이 코드는 LedControl코드를 사용하여 패턴 매트릭스를 제어합니다. 8x8 크기의 도트 매트릭스에는 0부터 9까지의 숫자가 이진 코드 형태로 저장됩니다.

이진 코드를 도트 매트릭스에 각 숫자로 표시합니다.

makerandomNumber 함수는 1부터 9까지의 임의의 숫자를 생성하고 이에 해당하는 도트 매트릭스 이미지를 생성합니다.

그리고 생성된 이미지를 0.3초 동안 도트 매트릭스에 출력합니다.

loop함수에서는 while 문을 사용하여 버튼 1이 눌릴 때까지 임의의 숫자 출력을 반복합니다. 버튼 1이 눌리면 while 문을 빠져나와 숫자 출력을 멈추게 합니다.

버튼 2가 눌리면 숫자를 계속 출력합니다. 이러한 방식으로 코드는 동작합니다.

 위 코드의 배열 부분을 16진수 값으로 수정해 주세요.

 아래는 16진수 값으로 변경한 10-5-3 코드의 배열 부분입니다.

10-5-4.ino

```
#include <LedControl.h>

#define DIN_PIN A2
#define CS_PIN 13
#define CLK_PIN 12

#define BUTTON_1_PIN 4
#define BUTTON_2_PIN 7

// LedControl 객체생성
LedControl lc = LedControl(DIN_PIN, CLK_PIN, CS_PIN, 1);

int stopflag = 1;//출력을멈춤 제어

const byte NUMBERS[10][8] = {
  {0x18,0x24,0x42,0x42,0x42,0x42,0x24,0x18}, // 0
  {0x08,0x18,0x28,0x08,0x08,0x08,0x08,0x1C}, // 1
  {0x38,0x44,0x04,0x08,0x10,0x20,0x40,0x7C}, // 2
  {0x38,0x44,0x04,0x18,0x04,0x04,0x44,0x38}, // 3
  {0x10,0x30,0x50,0x90,0xF8,0x10,0x10,0x10}, // 4
  {0x7C,0x40,0x40,0x78,0x04,0x04,0x44,0x38}, // 5
```

```
    {0x18,0x20,0x40,0x78,0x44,0x44,0x44,0x38}, // 6
    {0x7C,0x04,0x08,0x10,0x20,0x40,0x40,0x40}, // 7
    {0x38,0x44,0x44,0x38,0x44,0x44,0x44,0x38}, // 8
    {0x38,0x44,0x44,0x44,0x3C,0x04,0x44,0x38} // 9
};

void setup() {
  lc.shutdown(0, false);
  lc.setIntensity(0, 8);
  lc.clearDisplay(0);

  randomSeed(analogRead(0));

  pinMode(BUTTON_1_PIN, INPUT);
  pinMode(BUTTON_2_PIN, INPUT);
}

void makerandomNumber() {
    const int delayTime = 300;
    int randnumber = random(1, 10);//랜덤숫자 얻기

    lc.clearDisplay(0);
    for (int rowIndex = 0; rowIndex < 8; rowIndex++) {
      const byte row = NUMBERS[randnumber][rowIndex];
      lc.setRow(0, rowIndex, row);//랜덤숫자 출력
    }
    delay(delayTime);
}

void loop() {

  while(stopflag){
    makerandomNumber();
    if (digitalRead(BUTTON_1_PIN) == HIGH){//
      stopflag = 0;
      break;
    }//버튼 1을 누르면 글자 출력 멈춤
  }
  if (digitalRead(BUTTON_2_PIN) == HIGH){
      stopflag = 1;
      makerandomNumber();
  }//버튼 2를 누르면 글자 계속 출력
}
//10-5-4
```

결과확인

[ 업로드] 버튼을 눌러 코드를 업로드합니다.

버튼 1을 누르면 출력이 멈추고, 버튼 2를 누르면 랜덤한 숫자가 출력되는지 확인합니다.

각자 정한 규칙대로 다음의 마방진 게임을 완성합니다.

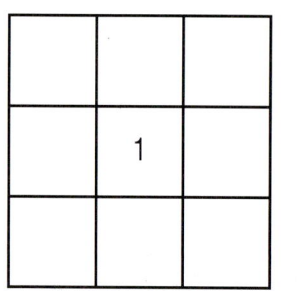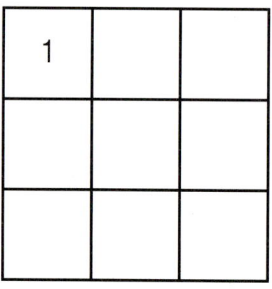

숫자랜덤출력 동작 동영상

https://youtube.com/shorts/g96Z1LcPjTE